漢字

기탄 교과서 한자가 초등 한자교육의 기준이 되겠습니다

기탄의 교육이념과 함께 하며 자녀 교육을 몸소 실천해 주신 수백만 학부모님의 사랑으로 이제 기탄은 학부모님께 자녀교육의 기본이자 시작으로 인식 되고 있습니다. 값비싼 사교육비를 들이지 않고도 '과연 내 아이를 잘 가르칠 수 있을까?' 하고 의구심을 가졌던 분들도 기탄으로 자신 있게 가르치며 남다른 학습효과를 보고 있다고 이구동성으로 말씀하십니다.

최근 들어 기탄교재로 공부하는 어린이들이 폭발적으로 증가하고 있는 것은 그 동안 타성에 젖어 비싼 사교육에만 의존하던 학부모님들의 의식에 일대 변혁이 일어나고 있다는 증거이며, 자녀교육의 새로운 시작을 알리는 메시지라고 생각합니다.

초등한자의 바이블! 기탄교과서한자입니다

기탄교육은 기탄한자(A~D단계) 이후 학습할 수 있는 한자 학습프로그램을 만들어 달라는 학부모님들의 많은 성원에 힘입어 새롭게 기탄교과서한자를 선보이게 되었습니다. 기탄교과서한자는 기탄한자의 연계 학습프로그램으로 초등교과서 90여권을 총 분석, 10만여 한자어를 정리한 방대한 데이터베이스를 확보하였습니다. 이 중 교과서 출현 빈도, 중학교 교육용 필수 한자 범위 내에서 530여 한자어를 국어, 수학, 사회과 탐구 등 다양한 영역의 한자를 학습하게 했습니다.

특히 학교별 학력평가시험(일제고사) 부활로 인해 교과별 영역별 성적표에 성취도가 등급화 되는 것을 반영, 초등 교과서에 실린 각 과목의 한자어와 교과서 유형 문장학습으로 예습, 복습의 효과와 기초 논술력까지 길러 줍니다. 뿐만 아니라 한자 카드, 쓰기 보따리, 형성평가가 입체적인 한자 학습을 이끌어갑니다. 또한 중국어에 대한 관심이 늘어가는 것을 고려, 간체자를 익혀 중국어 학습의 연계와 어학능력 계발의 기회를 마련하였습니다. 기탄한자에서 기탄교과서한자까지! 이제 유·초등 한자교육은 기탄한자에 맡겨 주십시오.

부모가 바뀌지 않으면 아이도 바뀌지 않습니다

무조건 비싼 사교육비를 들여서 아이를 남에게 맡긴다고 성적이 좋아지는 것은 아닙니다.
자녀교육은 부모의 사랑과 관심이 있어야 학습효과가 배가됩니다. 이제부터 부모님이 직접 챙겨주세요.
무조건 사교육에 우리 아이들을 맡기기 보다는 아이들 스스로 공부하는 힘을 길러줄 수 있도록 기초교육만큼은 부모님께서 직접 챙겨주세요. 앞으로도 기탄교육은 자녀와 함께 공부할 수 있는 최상의 교재를 만들기 위해 항상 먼저 학부모님의 마음을 들여다 보며 최선의 노력을 다하겠습니다.
기탄을 사랑하는 대한민국 모든 학부모님께 진심으로 감사의 말씀을 드립니다.

(주) 기탄교육 임직원 일동

기탄교과서한자는 초등학교 교과서에 쓰인 한자어를 총체 분석한 어휘력 향상 한자 학습 프로그램입니다

● **초등학교 교과서 90여권을 총분석, 교과서에 쓰인 한자어를 집대성한, 방대한 데이터베이스를 갖추어 학습 한자어를 선정, 발췌하였습니다.**

기탄교과서한자는 지금까지 어떤 학습지사에서도 시도하지 않은 과학적, 실용적인 한자어 선정 작업을 거쳤습니다. 초등학교 교과서 90여권에 쓰인 한자어 분석 작업을 성균관대학교 한문학과 학생들에게 의뢰하여 10만여 한자어를 정리한 방대한 양의 데이터베이스를 갖추었습니다. 이중 교과서 출현 빈도와 실용도, 한자 학습상의 난이도를 고려하고, 중학교 교육용 필수한자의 범위 내에서 530여 한자어를 선정하여 국어, 수학, 사회과 탐구, 음악, 미술 등 다양한 영역에서 실용도 높은 한자어를 학습하게 됩니다. 또한 커리큘럼의 전개 방식은 학습자들이 낱낱의 한자 암기가 아닌, 교과서 예문 유형의 문장 속에서 한자와 한자어의 쓰임을 체득하여 어휘력을 신장시킬 수 있는 한자 학습 프로그램입니다.

● **낱개의 한자 학습 뿐만 아니라 언어 사고력을 높여 초·중·고등학교의 학력 평가와 논술의 기초 능력을 길러 줍니다.**

초·중·고등학교의 시험이 달라집니다. 8년 전 폐지되었던 학교별 학력평가 시험(일제고사)이 시행되고 교과별, 영역별 성적표에 성취도가 등급화 되어 반영됩니다. 또, 2007학년도부터 중·고등 내신평가에서 종전의 단답형 시험유형을 줄이고 논술, 서술형의 시험문항 출제 비중이 50%로 확대되어 집니다. 기탄교과서한자는 초등학교 교과서에 실린 각 과목의 한자어와 교과서 유형 문장 학습으로 학습내용의 예습, 복습의 효과와 논술의 기초 능력까지 길러 줍니다.

● **학습자 스스로 한자의 무궁무진한 조어(造語)기능, 의미 함축 기능, 의미 확인 기능을 직접 체험할 수 있도록 구성하였습니다.**

▶ 기탄교과서한자에서는 기초과정에서 이미 학습한 한자와 새로 배우는 한자를 더하여 교과서에 쓰인 한자어를 익히게 됩니다. 이러한 학습 과정을 통해 한자가 가진 조어력(造語力)을 아이들 스스로 체험해가며 조어와 독해의 원리까지 깨닫게 됩니다.

信 + 用 … 信用 언행이나 약속이 틀림이 없을 것으로 믿음
信 + 義 … 信義 믿음과 의리
信 + 念 … 信念 굳게 믿어 의심하지 않는 마음

▶ 기탄교과서한자에서는 한자의 의미함축 기능을 익혀 전문화된 용어의 이해를 돕고, 아이들이 사용할 수 있게 됩니다. 한자는 뜻글자로서 하나의 한자마다 뜻을 함축하고 있어 전문용어나 고등지식의 습득을 용이하게 합니다.

투수?
… 던질 투(投) 손 수(手)
그러면 던지는 손. 아하! 던지는 사람
… 사전적 의미
야구에서 내야의 중앙에 위치하여 포수를 향해 공을 던지는 사람

▶ 기탄교과서한자에서는 한자의 의미 확인 기능을 익혀 언어의 바른 의미를 쉽게 파악할 수 있습니다. 한글로 쓰인 '의사'는 대략 8개 정도의 뜻을 지니고 있어 醫師(의사)인지, 意思(의사)인지, 아니면 義士(의사)인지 알기 어렵습니다. 그러나 한자를 익히면 의미가 명시적으로 드러나 그 뜻을 바로 확인할 수 있습니다.

의사
… 意思 : 무엇을 하려고 하는 생각이나 마음
… 義士 : 의리와 지조를 굳게 지키는 사람
… 醫師 : 의술과 약으로 병을 고치는 직업에 종사하는 사람

기탄교과서한자는
낱개의 한자 학습 뿐만 아니라 언어 사고력을 높여
논술의 기초 능력까지 향상시키는 프로그램입니다

● **초등학교 교과서에 쓰인 한자어를 학습합니다.**
초등학교 교과서에 쓰인 중학교 교육용 한자 900자 범위의 한자어를 사용 빈도, 출현 횟수, 한자 학습상의 난이도를 고려하여 학습 한자와 한자어를 선정하였습니다. 이는 종래의 한자 중심의 배열방식에서 벗어나 실용한자를 익혀 학습자의 언어 사고력을 높여 학습능력을 높이는 학습목표를 담아낸 것입니다.

● **한자의 특성을 학습자가 체험하며 깨닫는 원리체험 학습 프로그램입니다.**
한자가 갖는 문자학적 특징은 조어력, 의미 함축성, 의미 명시성이 있습니다. 기탄교과서한자에서는 학습자가 스스로 이러한 특성을 깨달을 수 있게 됩니다. A~D단계의 학습으로 기초적인 상형, 지사자를 익힌 아이들은 기초적인 한자와 새로 배우게 될 한자의 결합, 즉 조어(造語)과정을 몸소 체험하며 깨달을 수 있게 됩니다. 이러한 경험으로 처음 만나는 단어를 접할지라도 그 의미를 유추하고 파악할 수 있는 능력을 기르도록 개발되었습니다.

● **문학, 인문, 역사, 위인, 실용문 등 다양한 영역의 폭넓은 소재를 통해 한자를 흥미롭게 학습합니다.**
교과서에 실린 한자어를 교과서 유형의 단문 뿐만 아니라 다양한 글감들을 통해 심화학습하게 됩니다. 동화작가의 창작동화, 위인이야기, 시, 신문, 전래동화 등 문학, 인문, 역사, 위인, 실용문 등을 통해 한자를 흥미롭게 익힐 수 있도록 구성하였습니다.

● **기출 한자의 복습 재생으로 파지 효과를 높일 수 있습니다.**
3주마다 한 번씩 독립된 복습주를 운용하여 학습내용의 파지 효과를 높일 수 있습니다. 또 매 장마다 앞서 배운 한자를 하단에 기재하여 교재내의 사전적 기능을 높이고 자학자습이 가능하도록 구성하였습니다.

● **한자 카드, 쓰기 보따리, 형성평가를 이용한 입체적 학습 방법론을 제시하였습니다.**
학습지를 읽고 풀이하는 학습과 병행하여 한자 카드를 통한 훈음 기억 학습, 쓰기 보따리를 이용한 한자 암기 학습, 형성평가를 통한 자가 진단 등 주교재 이외의 학습 도구를 제시하였습니다. 이러한 보조교재들을 통해 아이들은 지루하지 않게 한자를 익히고 실력을 향상 시킬 수 있습니다.

● **간체자를 익혀 중국어 학습의 연계와 어학 능력 계발의 기회를 마련하였습니다.**
학습 한자에 해당되는 간체자를 제시하여 한자 학습의 실용도를 높였습니다. 간체자를 아이가 모두 암기하지 못하더라도 간체자의 개념을 알게 되고, 중국어 학습에 자발적인 흥미유발의 기회가 될 수 있습니다.

어렸을 때 배운 한자는 평생을 통해 활용됩니다
한자 학습의 중요성이 날로 높아지고 있습니다

● 한자 학습은 왜 필요할까요?

한자 학습은 이제 선택이 아닌 필수가 되었습니다. 우리의 언어 생활에 반드시 필요한 영역이라는 인식과 함께 한자가 지닌 학문적 전이성, 시대적 필요성 등이 재해석 되고 있기 때문입니다.

첫째, 우리말의 70% 이상이 한자어로 이루어졌기 때문에 기본적인 언어 생활에 도움을 줍니다. 곧 우리말을 바르게 이해하고 올바른 국어 생활을 하기 위해서는 한자를 아는 것이 필수적입니다.

둘째, 국어, 수학, 사회, 역사, 외국어 등 다른 학과 공부에 많은 도움을 줍니다. 예를 들어 수학을 공부할 때 분자(分子), 분모(分母), 분수(分數) 등 한자를 알고 있는 아이라면 수학의 개념도 훨씬 더 쉽고 정확하게 이해할 수 있습니다. 이렇게 한자는 타과목의 도구 교과적인 성격을 갖고 있습니다.

셋째, 어휘력과 이해력의 신장으로 문장 의미 파악이 쉬워져 책을 가까이 하는 아이로 만들어 줍니다. 한자는 조어력(造語力)과 의미 함축성이 매우 뛰어난 문자입니다. 이러한 이유로 전문서적이나 학술 용어 등은 한자로 표현되어 있습니다. 많은 양의 독서 경험은 곧 아이의 생각하는 힘과 창의력을 길러 줍니다.

넷째, 한자나 한문에는 선인들의 지혜와 윤리관이 배어 있어 바람직한 가치관과 예의범절을 배울 수 있습니다. 고전, 명문 속에 담긴 효행, 우애, 경로 등 사상적인 유산을 통해 바람직한 가치관을 가질 수 있고 나아가 사람이 해야 할 도리, 어른을 공경하는 자세, 학문을 배우는 자세 등도 익힐 수 있습니다.

● 한자 학습의 추세는 어떤가요?

한자 사용을 사대주의적 발상, 중국의 문자 차용이라고 보는 종전의 시각에서 벗어나 이제는 우리 언어의 일부라는 인식이 확대되어 초등학생부터 성인까지 한자 학습 열풍이 불고 있습니다.

첫째, 한자능력검정시험의 자격증이 국가 공인 자격증으로 인정됨에 따라 유아~성인에 이르기까지 한자 학습 붐이 일고 있습니다.

둘째, 21세기의 주역으로 한자 문화권이 급부상함에 따라 중국어, 일본어의 기초로서 한자 학습의 열기가 높아지고 있습니다. 한자는 세계인구의 1/4이 사용하고 있는 국제 문자로서 앞으로 그 중요성은 날로 높아질 것입니다.

셋째, 2005년부터 대학 수학 능력 시험 외국어 영역에 한문 과목이 추가되고 중·고등학교의 시험 출제 유형에서 논술 유형 출제 비중이 높아짐에 따라 한자 학습의 조기 교육이 일반화되어 가고 있는 상황입니다.

넷째, 대부분의 초등학교에서 재량시간으로 한자 학습을 시행하고 있습니다. 70년대 이후 한자 교육을 전혀 받지 못했던 부모님들과는 달리 현재 대부분의 초등학생들이 한자를 배우고 있습니다.

다섯째, 각종 공문서, 도로 표지판 등에 한자를 병기하는 국가 정책과 경제계, 교육계 등 각계의 한자 학습 요구에 대한 발표로 한자 학습의 중요성은 더욱 높아지고 있는 상황입니다.

한자 학습은 아이의 두뇌를 개발해 줍니다
한자 학습의 체계! 기탄한자가 잡아 줍니다

● 한자 학습의 효과는 무엇인가요?

▶ 한자는 그림에서 시작된 문자로서 구체적 이미지 자체가 곧 문자가 되었습니다. 이러한 시각적 이미지를 통한 학습은 곧 아동의 우뇌를 자극해 줍니다.

▶ 한자는 하나의 기초 개념에서 새로운 개념을 창출해 나갑니다. 이러한 과정을 통하여 아동의 창의력, 어휘력을 길러 줍니다.

▶ 한자는 저마다의 뜻, 소리, 모양을 각기 지닌 문자입니다. 이렇게 저마다의 뜻과 소리, 모양을 분석하는 연습을 통해 아동의 좌뇌 발달을 돕습니다.

▶ 한자는 부수와 몸이라는 수많은 부속품들의 조합으로 이루어진 문자입니다. 이러한 부속품들의 분리와 합체 과정을 통해 아이의 좌뇌를 발달하게 하고 논리력, 분석력을 키워 줍니다.

▶ 한자가 갖는 문자학적 특징은 조어력, 의미 함축성, 의미 명시성이 있습니다. 이미 만들어진 한자와 한자를 결합하여 새로운 단어를 만드는 조어력, 의미를 함축적으로 표현할 수 있는 의미 함축성, 의미가 바로 드러나는 의미 명시성이 있습니다.

한자 학습의 연구가 활발히 이루어지는 일본에서는 한자 학습의 시기가 빠를수록 좋다고 합니다. 그것은 우뇌 발달 시기인 6세 이전에 표의문자를 더 쉽게 받아들일 수 있으며, 초등학교 1학년 때가 가장 높은 효과를 보인다는 주장입니다. 그러므로 어른들의 관점으로 한자가 유아들에게 어렵다는 편견은 버려야 하며 한글을 어느 정도 읽을 수 있는 시기라면 한자 학습의 적기라고 할 수 있습니다.

● 기탄한자는 어떻게 구성되었나요?

▶ 기탄한자는 그림과 놀이로 시작하는 기초 한자 과정에서부터 고전명저의 명문장까지 한자 학습의 체계를 세우는 프로그램입니다. 중학교 교육용 한자 900자의 범위에서 기초한자(낱자)과정 ➡ 조어(교과서 한자어)과정 ➡ 문장(고전)과정의 학습까지 한자 학습의 체계를 세우는 학습목표로 개발되었습니다.

▶ 기초한자(낱자)과정(A단계~D단계)에서는 한자를 처음 시작하는 유아에서 한자 학습의 경험이 없는 초등학교 2학년생을 대상으로 상형자, 지사자 등 쉬운 개념의 기초한자 168자를 익히게 됩니다.
시각 이미지를 통한 그림한자의 각인과 다양한 부교재를 통한 놀이 학습으로 재미있게 학습하는 특성을 지니고 있습니다. 또, 최고의 일러스트와 세련된 디자인으로 아동의 정서적 심미감을 기를 수 있는 프로그램입니다. 기존의 한자 교재와는 차별화된 학습 효과를 얻을 수 있습니다.

▶ 조어(교과서 한자어)과정(E단계~G단계)에서는 총 90여권의 초등학교 교과서에 쓰인 모든 한자어를 사용 빈도와 한자 난이도에 따라 분석한 방대한 양의 데이터베이스를 갖추어 156자의 학습 한자와 530여 한자어를 선정하였습니다.

신출 한자와 이미 학습한 기출 한자를 조합하여 새로운 어휘를 만들어 내는 무궁무진한 조어(造語)의 원리를 아이가 스스로 깨달아 이해력과 어휘력이 높은 아이로 자라나게 해줍니다. 또 단편적인 한자 암기 학습에서 벗어나 국어, 수학, 사회, 과학 영역의 다양한 예문 학습과 창작 동화, 인물, 시, 신문, 고전이야기 등의 학습으로 학교 수업에 자신감을 길러 주고 나아가 어휘력, 사고력 향상으로 논술의 기초 능력까지 배양해 줍니다.

구성내용

A·B단계 교재별 구성내용은 이렇습니다

◆ 기탄한자 **A단계** 호별 학습 내용 및 부교재

집	호		학습 한자	학습 한자어	부교재
1집	1	1a ~ 12a	山, 川, 日	강산, 등산/ 하천, 산천/ 日기, 日월	한자 모형 놀이 한자 카드 한자어 카드
	2	13a ~ 24a	月, 火, 水	반月, 月급/ 火산, 火재/ 水영장, 水요일	
	3	25a ~ 36a	木, 金, 土	木수, 식木일/ 金구, 황金/ 국土, 土지	
	4	37a ~ 48a	복습+놀이 학습	복습	
2집	5	49a ~ 60a	一, 二, 三	一등, 통一/ 二층, 二학년/ 三각형, 三총사	한자 창열기 놀이 한자 카드 한자어 카드
	6	61a ~ 72a	四, 五, 六	四방, 四계절/ 五선지, 五월/ 六학년, 六반	
	7	73a ~ 84a	七, 八, 九	북두七성, 七면조/ 八도강산, 八방미인/ 九관조, 九구단	
	8	85a ~ 96a	복습+놀이 학습	복습	
3집	9	97a ~ 108a	十, 百, 千	十자가, 十월/ 百점, 百화점/ 千자문, 千리마	한자 파노라마 놀이 한자 카드 한자어 카드
	10	109a ~ 120a	耳, 目, 口	耳목, 耳비인후과/ 제目, 면目/ 식口, 출입口	
	11	121a ~ 132a	人, 手, 足	人간, 人형/ 手술, 선手/ 足구, 수足	
	12	133a ~ 144a	복습+놀이 학습	복습	
4집	13	145a ~ 156a	田, 石, 玉	유田, 대田/ 石공, 石굴암/ 백玉, 玉동자	한자 브로마이드 한자 카드
	14	157a ~ 168a	力, 大, 小	인力거, 풍力/ 大학생, 大가족/ 小아과, 小인국	
	15	169a ~ 180a	上, 中, 下	上의, 上행선/ 中국, 中심/ 下교, 下인	
	16	181a ~ 192a	복습+총괄 평가+놀이 학습	복습	

◆ 기탄한자 **B단계** 호별 학습 내용 및 부교재

집	호		학습 한자	학습 한자어	부교재
1집	1	1a ~ 12a	犬, 牛, 羊	충犬, 애犬/ 牛유, 牛마차/ 羊모, 백羊	한자 모형 놀이 한자 카드 한자어 카드
	2	13a ~ 24a	父, 母, 子	父모, 父자/ 母녀, 학부母/ 子녀, 여子	
	3	25a ~ 36a	生, 心, 身	生일, 선生/ 心신, 안心/ 身체, 身장	
	4	37a ~ 48a	복습+놀이 학습	복습	
2집	5	49a ~ 60a	車, 士, 己	車도, 자전車/ 군士, 박士/ 자己, 극己	한자 창열기 놀이 한자 카드 한자어 카드
	6	61a ~ 72a	自, 工, 門	自동차, 自연/ 목工, 工장/ 대門, 창門	
	7	73a ~ 84a	刀, 王, 白	단刀, 은장刀/ 王자, 국王/ 白지, 흑白	
	8	85a ~ 96a	복습+놀이 학습	복습	
3집	9	97a ~ 108a	魚, 貝, 鳥	인魚, 魚항/ 貝물, 貝총/ 백鳥, 길鳥	한자 파노라마 놀이 한자 카드 한자어 카드
	10	109a ~ 120a	主, 册, 雨	主인, 主객/ 册상, 공册/ 雨산, 雨의	
	11	121a ~ 132a	風, 里, 竹	風차, 강風/ 里장, 里정표/ 竹림, 竹도	
	12	133a ~ 144a	복습+놀이 학습	복습	
4집	13	145a ~ 156a	草, 花, 馬	약草, 草가/ 무궁花, 花원/ 경馬장, 馬부	한자 브로마이드 한자 카드
	14	157a ~ 168a	男, 女, 夕	男녀, 미男/ 소女, 선女/ 夕양, 추夕	
	15	169a ~ 180a	舌, 齒, 面	작舌차, 舌음/ 齒과, 충齒/ 가面, 수面	
	16	181a ~ 192a	복습+총괄 평가+놀이 학습	복습	

C·D단계 교재별 구성내용은 이렇습니다

◆ 기탄한자 **C단계** 호별 학습 내용 및 부교재

집	호		학습 한자	학습 한자어	부교재
1집	1	1a ~ 12a	文, 化, 言, 才	文인, 文신/ 化석, 문化/ 言어, 言론/ 다才, 천才	한자 맞추기 놀이 한자 카드 한자어 카드
	2	13a ~ 24a	兄, 弟, 交, 友	兄弟, 학부兄/ 의兄弟, 弟子/ 交통, 외交/ 交友, 전友	
	3	25a ~ 36a	多, 少, 血, 肉	多정, 多少/ 少녀, 노少/ 심血, 血육/ 肉식, 肉신	
	4	37a ~ 48a	복습+놀이 학습	복습	
2집	5	49a ~ 60a	出, 入, 内, 外	出구, 出생/ 入구, 出入/ 国内, 차内/ 外국, 内外	한자 병풍 놀이 한자 카드 한자어 카드
	6	61a ~ 72a	去, 來, 立, 坐	去래, 과去/ 來일, 미來/ 자立, 立동/ 정坐	
	7	73a ~ 84a	光, 明, 行, 步	光명, 풍光/ 문明, 明월/ 신行, 行진/ 步병, 步행	
	8	85a ~ 96a	복습+놀이 학습	복습	
3집	9	97a ~ 108a	天, 地, 江, 河	天사, 天국/ 천地, 地구/ 江산, 江촌/ 河천, 은河수	한자 주사위 놀이 한자 카드 한자어 카드
	10	109a ~ 120a	毛, 皮, 角, 蟲	毛피, 양毛/ 목皮, 皮혁/ 녹角, 직角/ 초蟲, 해蟲	
	11	121a ~ 132a	古, 今, 衣, 食	古목, 古서/ 고今, 今일/ 우衣, 하衣/ 외食, 초食	
	12	133a ~ 144a	복습+놀이 학습	복습	
4집	13	145a ~ 156a	君, 臣, 兵, 卒	君주, 君신/ 臣하, 충臣/ 兵사, 兵력/ 卒병, 卒업	한자 브로마이드 한자 카드
	14	157a ~ 168a	方, 向, 左, 右	지方, 方향/ 풍向, 남向/ 左우, 左향左/ 右회전, 좌右명	
	15	169a ~ 180a	本, 末, 分, 合	근本, 本인/ 末일, 本末/ 分교, 分수/ 合창, 合심	
	16	181a ~ 192a	복습+총괄 평가+놀이 학습	복습	

◆ 기탄한자 **D단계** 호별 학습 내용 및 부교재

집	호		학습 한자	학습 한자어	부교재
1집	1	1a ~ 12a	靑, 赤, 音, 色	靑산, 靑년/ 赤색, 赤십자/ 音악, 音색/ 白色, 色지	한자 맞추기 놀이 한자 카드 한자어 카드
	2	13a ~ 24a	住, 所, 姓, 名	의식住, 住택/ 所감, 장所/ 姓명, 백姓/ 名작, 지名	
	3	25a ~ 36a	利, 用, 有, 無	利용, 예利/ 공用, 식用/ 有명, 소有/ 無인도, 無례	
	4	37a ~ 48a	복습+놀이 학습	복습	
2집	5	49a ~ 60a	公, 平, 意, 思	公공, 公무원/ 平화, 平야/ 意견, 동意/ 思고, 思상	한자 병풍 놀이 한자 카드 한자어 카드
	6	61a ~ 72a	老, 弱, 貧, 富	老인, 원老/ 弱세, 노弱/ 貧약, 貧혈/ 富귀, 富자	
	7	73a ~ 84a	正, 直, 忠, 孝	正직, 正답/ 直선, 直각/ 忠성, 忠언/ 孝도, 孝녀	
	8	85a ~ 96a	복습+놀이 학습	복습	
3집	9	97a ~ 108a	前, 後, 走, 止	역前, 오前/ 오後, 식後/ 활走로, 경走/ 止혈, 금止	한자 주사위 놀이 한자 카드 한자어 카드
	10	109a ~ 120a	法, 道, 完, 全	法률, 法원/ 道로, 道덕/ 完승, 完성/ 全국, 안全	
	11	121a ~ 132a	善, 惡, 長, 短	善악, 善행/ 惡마, 惡몽/ 長검, 사長/ 장短, 短명	
	12	133a ~ 144a	복습+놀이 학습	복습	
4집	13	145a ~ 156a	世, 界, 國, 家	世계, 출世/ 외界, 정界/ 國왕, 國어/ 家족, 작家	한자 브로마이드 한자 카드
	14	157a ~ 168a	東, 西, 見, 聞	東서남북, 東해/ 西구, 西부/ 발見, 見학/ 신聞, 풍聞	
	15	169a ~ 180a	南, 北, 兒, 童	南극, 南대문/ 北극, 北상/ 유兒, 兒동/ 목童, 童화	
	16	181a ~ 192a	복습+총괄 평가+놀이 학습	복습	

구성내용

E단계 교재별 구성내용은 이렇습니다

◆ 기탄교과서한자 E단계 호별 학습 내용 및 부교재

집	호		학습 한자	학습 한자어		심화 영역		부교재
1집	1	1a~16a	寸京品市	寸 : 四寸, 外三寸, 四寸間 品 : 食品, 用品, 作品	京 : 上京, 京畿道, 京仁線 市 : 市内, 市場, 市立	창작동화	소중한 지폐 한 장 1	한자 카드 쓰기보따리 형성평가
						고사성어	水魚之交	
						시	사랑스런 추억 - 윤동주	
	2	17a~32a	巨具各曲	巨 : 巨人, 巨大, 巨木 各 : 各各, 各自, 各國	具 : 家具, 道具, 用具 曲 : 作曲, 曲線, 行進曲	창작동화	소중한 지폐 한 장 2	
						고사성어	他山之石	
						시	봄 - 빅토르 위고	
	3	33a~48a	可由原因	可 : 可能, 可決, 不可能 原 : 原子力, 原因, 草原	由 : 自由, 由來, 理由 因 : 原因, 因果, 要因	창작동화	슬기로운 재판 1	
						고사성어	見物生心	
						시	절정 - 이육사	
	4	49a~64a	복습	복습		창작동화	슬기로운 재판 2	
						고사성어	漁夫之利	
						시	동방의 등불 - 타고르	
2집	5	65a~80a	同求失反	同 : 同生, 同行, 合同 失 : 失手, 失明, 失言	求 : 求心力, 要求, 求人 反 : 反面, 反省, 反共	창작동화	닭이 사람과 함께 살게 된 이유 1	한자 카드 쓰기보따리 형성평가
						고사성어	五十步百步	
						시	접동새 - 김소월	
	6	81a~96a	告共首民	告 : 忠告, 原告, 告白 首 : 自首, 首弟子, 首相	共 : 共同, 公共, 共生 民 : 市民, 國民, 民心	창작동화	닭이 사람과 함께 살게 된 이유 2	
						고사성어	登龍門	
						시	눈 내린 아침 - 이인로	
	7	97a~112a	元先年回	元 : 元日, 元金, 元來 年 : 少年, 靑年, 一年	先 : 先生, 先山, 先王 回 : 一回用品, 河回, 回轉	창작동화	쇠를 먹는 쥐 1	
						고사성어	馬耳東風	
						시	눈 오는 저녁 - 김소월	
	8	113a~128a	복습	복습		창작동화	쇠를 먹는 쥐 2	
						고사성어	白眉	
						시	만돌이 - 윤동주	
3집	9	129a~144a	不非未必	不 : 不足, 不公平, 不平 未 : 未安, 未來, 未完成	非 : 非行, 是非, 非常口 必 : 必要, 生必品, 不必要	창작동화	세 친구 1	한자 카드 쓰기보따리 형성평가
						고사성어	多多益善	
						시	삶이 그대를 속일지라도 - 푸슈킨	
	10	145a~160a	知加字幸	知 : 知人, 知己, 告知 字 : 文字, 數字, 十字	加 : 加入, 加味, 加工 幸 : 多幸, 不幸, 幸福	창작동화	세 친구 2	
						고사성어	聞一知十	
						시	집 - 김영랑	
	11	161a~176a	表形味香	表 : 表面, 表情, 表明 味 : 意味, 風味, 口味	形 : 人形, 三角形, 地形 香 : 香水, 香氣, 香	창작동화	꿀강아지 1	
						고사성어	知音	
						시	올벼 고개 숙이고 - 이현보	
	12	177a~192a	복습	복습		창작동화	꿀강아지 2	
						고사성어	竹馬故友	
						시	행복 - 한용운	
4집	13	193a~208a	星軍相和	星 : 行星, 天王星, 北斗七星 相 : 首相, 人相, 色相	軍 : 軍人, 國軍, 軍士 和 : 平和, 和音, 共和國	창작동화	흰 코끼리의 전설	한자 카드 쓰기보따리 형성평가
						고사성어	千里眼	
						시	나그네의 밤 노래 - 괴테	
	14	209a~224a	單別命祖	單 : 單元, 名單, 食單 命 : 生命, 人命, 命令	別 : 別名, 別世, 分別 祖 : 先祖, 祖上, 祖父母	창작동화	뱀이 기어 다니게 된 이유 1	
						고사성어	朝三暮四	
						시	말 없는 청산이오 - 성혼	
	15	225a~240a	居章異再	居 : 住居, 居室, 同居 異 : 異常, 異意, 大同小異	章 : 文章, 圖章, 樂章 再 : 再生, 再活用, 再三	창작동화	뱀이 기어 다니게 된 이유 2	
						고사성어	一擧兩得	
						시	〈사랑〉을 사랑하여요 - 한용운	
	16	241a~256a	복습	복습		창작동화	뱀이 기어 다니게 된 이유 3	
						고사성어	溫故知新	
						시	삶의 아침인사 - 애너 리티셔 바볼드	

F단계 교재별 구성내용은 이렇습니다

◆ 기탄교과서한자 F단계 호별 학습 내용 및 부교재

집	호		학습 한자	학습 한자어		심화 영역		부교재
1집	1	1a~16a	仁 仙 信 休	仁: 仁川, 仁祖, 仁君 信: 信用, 自信, 信念	仙: 仙女, 水仙花, 仙人 休: 公休日, 休火山, 休息	창작동화	달밤에 얻은 행운 1	한자 카드 쓰기보따리 형성평가
						고사성어	天高馬肥	
						전래동화	빨간부채 파란부채	
	2	17a~32a	安 宅 官 容	安: 未安, 安心, 安全 官: 法官, 官家, 外交官	宅: 住宅, 自宅, 宅地 容: 容恕, 內容, 美容	창작동화	달밤에 얻은 행운 2	
						고사성어	大器晩成	
						전래동화	사만년을 산 사람	
	3	33a~48a	海 洋 漁 洗	海: 地中海, 東海, 海外 漁: 漁夫, 漁村, 出漁	洋: 東洋, 西洋, 海洋 洗: 洗手, 洗車, 洗面	창작동화	백일홍이야기 1	
						고사성어	孟母三遷	
						전래동화	소금을 만드는 맷돌	
	4	49a~64a	복습	복습		창작동화	백일홍이야기 2	
						고사성어	蛇足	
						전래동화	우렁각시	
2집	5	65a~80a	他 位 俗 保	他: 他人, 他地, 自他 俗: 民俗, 風俗, 世俗	位: 方位, 品位, 單位 保: 保全, 安保, 保有	창작동화	꾀 많은 장님 1	한자 카드 쓰기보따리 형성평가
						고사성어	梁上君子	
						전래동화	꼭두각시와 목도령	
	6	81a~96a	守 室 客 定	守: 守則, 保守, 守兵 客: 主客, 客室, 客地	室: 室內, 居室, 王室 定: 一定, 決定, 安定	창작동화	꾀 많은 장님 2	
						고사성어	良藥苦於口	
						전래동화	잊으라 한 건 안 잊고	
	7	97a~112a	林 村 材 校	林: 山林, 國有林, 竹林 材: 木材, 石材, 人材	村: 山村, 漁村, 民俗村 校: 下校, 校長, 校門	창작동화	바보 영웅 이야기 1	
						고사성어	座右銘	
						전래동화	반쪽이	
	8	113a~128a	복습	복습		창작동화	바보 영웅 이야기 2	
						고사성어	矛盾	
						전래동화	고양이와 푸른 구슬	
3집	9	129a~144a	決 洞 注 流	決: 決定, 決心, 可決 注: 注文, 注意, 注目	洞: 洞口, 洞長, 仁寺洞 流: 上流, 交流, 流行	창작동화	괴물 잡은 이발사	한자 카드 쓰기보따리 형성평가
						고사성어	同床異夢	
						전래동화	임자가 따로 있는 요술 궤짝	
	10	145a~160a	便 作 使 代	便: 便利, 便安, 大便 使: 使用, 天使, 使臣	作: 作心三日, 作用, 作品 代: 古代, 代表, 代身	창작동화	수수께끼 하나	
						고사성어	結草報恩	
						전래동화	배나무골 이도령	
	11	161a~176a	念 志 感 想	念: 信念, 記念, 一念 感: 共感, 自信感, 所感	志: 意志, 同志, 志士 想: 回想, 思想, 感想	창작동화	행운을 찾아다니는 사나이 1	
						고사성어	井中之蛙	
						전래동화	하늘 나라 밭 구경	
	12	177a~192a	복습	복습		창작동화	행운을 찾아다니는 사나이 2	
						고사성어	近墨者黑	
						전래동화	솜뭉치 꼬리가 된 토끼	
4집	13	193a~208a	計 記 語 詩	計: 時計, 合計, 生計 語: 用語, 國語, 言語	記: 日記, 記入, 記念 詩: 童詩, 詩人, 三行詩	창작동화	그림자 없는 탑 1	한자 카드 쓰기보따리 형성평가
						고사성어	有備無患	
						전래동화	은혜 갚은 까치	
	14	209a~224a	情 性 進 造	情: 人情, 友情, 心情 進: 行進, 進出, 先進國	性: 性品, 性情, 女性 造: 造成, 造形, 人造	창작동화	그림자 없는 탑 2	
						고사성어	走馬看山	
						전래동화	두 개가 된 금덩이	
	15	225a~240a	始 好 雲 雪	始: 始作, 元始, 始祖 雲: 星雲, 白雲, 靑雲	好: 同好人, 好意, 好感 雪: 白雪, 雪景, 雪山	창작동화	그림자 없는 탑 3	
						고사성어	螢雪之功	
						전래동화	구렁이 신랑	
	16	241a~256a	복습	복습		창작동화	그림자 없는 탑 4	
						고사성어	苦盡甘來	
						전래동화	바리공주	

구성내용

G단계 교재별 구성내용은 이렇습니다

◆ 기탄교과서한자 G단계 호별 학습 내용 및 부교재

집	호		학습 한자	학습 한자어	심화 영역		부교재
1집	1	1a~16a	果實夫婦美	果:成果,果實,靑果,無花果 實:行實,實力,實生活,口實 夫:工夫,夫子,夫人,漁夫 婦:主婦,夫婦,婦人,婦女子 美:美化員,美國人,美人,美化	인물	마크 트웨인	한자 카드 쓰기보따리 형성평가
					창작동화	소가 골라준 새 신랑 1	
					고사성어	改過遷善	
					기사문	돈 더 버는 아내 집안일 더 한다	
	2	17a~32a	重要活動得	重:重要,所重,貴重,重大 要:必要,主要,要求,要所 活:活用,生活,活字,活力 動:活動,行動,動力,動作 得:所得,利得,得失	인물	어네스트 톰슨 시튼	
					창작동화	소가 골라준 새 신랑 2	
					고사성어	錦衣還鄕	
					기사문	컬러식품 좋아좋아	
	3	33a~48a	夜景成功者	夜:夜食,白夜,夜光,夜行 景:風景,光景,山景,雪景 成:成長,作成,合成,完成 功:成功,功臣,年功,功力 者:記者,富者,步行者,老弱者	인물	에디슨	
					창작동화	소가 골라준 새 신랑 3	
					고사성어	管鮑之交	
					기사문	日 간사이 5색 체험관광	
	4	49a~64a	복습	복습	인물	퀴리부인	
					창작동화	소가 골라준 새 신랑 4	
					고사성어	刻舟求劍	
					기사문	재교육기관 노크 해보자	
2집	5	65a~80a	時間空氣集	時:日時,時代,同時,時計 間:人間,山間,時間,中間 空:空中,空間,空册,空想 氣:空氣,香氣,日氣,大氣 集:文集,集中,詩集,集合	인물	장영실	한자 카드 쓰기보따리 형성평가
					창작동화	거짓말 시합 1	
					고사성어	刮目相對	
					기사문	귀성길 차 안에서 게임 한판	
	6	81a~96a	現在協商事	現:表現,現金,現地,出現 在:現在,所在,在京,在來 協:協同,協力,協心,協定 商:商人,商品,商去來,協商 事:人事,行事,工事,記事	인물	록펠러	
					창작동화	거짓말 시합 2	
					고사성어	吳越同舟	
					기사문	폴크스바겐 노·사 대협상	
	7	97a~112a	社會技能部	社:社長,會社,社交,入社 會:大會,社會,面會,立會 技:長技,技法,技術,技能 能:技能,能力,可能,才能 部:部分,一部分,外部,一部	인물	콜럼버스	
					창작동화	말 잘 듣는 효자 1	
					고사성어	羊頭狗肉	
					기사문	국가중대사 국민합의가 필요	
	8	113a~128a	복습	복습	인물	앙리 뒤낭	
					창작동화	말 잘 듣는 효자 2	
					고사성어	完璧	
					기사문	시동 걸면 주행정보 쫙~	
3집	9	129a~144a	問答登場省	問:問安,問題,反問 答:問答,答信,正答,回答 登:登山,登校,登用 場:市場,工場,入場,場面 省:反省,自省,省墓	인물	리스트	한자 카드 쓰기보따리 형성평가
					창작동화	냄새 맡은 값 1	
					고사성어	指鹿爲馬	
					기사문	침체의 잠에 취한 라인강의 기적	
	10	145a~160a	春夏秋冬溫	春:春川,春香,立春,靑春 夏:立夏,春夏,夏至 秋:秋夕,秋風,秋夏 冬:冬至,立冬,春夏秋冬 溫:氣溫,溫室,溫水	인물	김홍도	
					창작동화	냄새 맡은 값 2	
					고사성어	塞翁之馬	
					기사문	스키장 잘 넘어져야 안 다친다	
	11	161a~176a	貴愛病死敬	貴:貴重,高貴,富貴,貴人 愛:友愛,愛國,愛人,愛犬 病:問病,白血病,病室,病名 死:生死,死亡者,不死身,病死 敬:恭敬,敬老,敬老席,敬語	인물	안중근	
					창작동화	아버지의 유서 1	
					고사성어	難兄難弟	
					기사문	은행나무 천국 부석사 가는길	
	12	177a~192a	복습	복습	인물	황희	
					창작동화	아버지의 유서 2	
					고사성어	四面楚歌	
					기사문	서울과 워싱턴 마음을 열 때다	
4집	13	193a~208a	物件發電書	物:古物,文物,人物 件:物件,事件,用件 發:發生,出發,發明,發見 電:電力,電子,電車,電氣 書:文書,古書,書名	인물	벤자민 프랭클린	한자 카드 쓰기보따리 형성평가
					창작동화	선행과 쾌락 1	
					고사성어	三顧草廬	
					기사문	대한민국은 배달천국	
	14	209a~224a	高低苦樂朝	高:高音,高溫,高貴,高見 低:低溫,低下,低利,低學年 苦:苦生,苦心,苦行 樂:音樂,安樂,樂山 朝:王朝,朝夕,朝會	인물	루소	
					창작동화	선행과 쾌락 2	
					고사성어	脣亡齒寒	
					기사문	중소기업 그곳에도 길이 있다	
	15	225a~240a	眞理學習賞	眞:眞情,眞空,眞心 理:心理,原理,眞理,一理 學:學年,學生,入學,見學 習:學習,風習,自習 賞:賞品,孝行賞,大賞,賞金	인물	전봉준	
					창작동화	아까씨와 우유 1	
					고사성어	守株待兎	
					기사문	들리지! 눈 쌓은 숲 생명의 소리	
	16	241a~256a	복습	복습	인물	뢴트겐	
					창작동화	아까씨와 우유 2	
					고사성어	臥薪嘗膽	
					기사문	물건값 계산 … 약도 그리기 …	

학부모 여러분, 〈기탄한자〉는 이렇게 지도해 주세요

1. 학습자의 능력보다 낮은 단계에서 시작하세요.

기탄한자 A~G단계는 기초 한자부터 초등학교 교과서에 쓰인 한자어를 학습하는 프로그램입니다. 한글을 아는 유아에서부터 한자 학습의 경험이 있는 초등학교 6학년 학생을 대상으로 개발되었습니다. 그러나 한자 학습의 경험이 있는 아이라도, 학습자의 경험이나 능력보다 낮은 단계에서 시작하는 것이 바람직합니다. 특히 각 단계의 1집부터 순차적으로 학습해 나가는 것은 매우 중요합니다. 간혹 학부모님의 판단에 따라 단계의 생략은 가능하지만 2, 3집부터 시작하는 것은 옳지 않은 진도 진행입니다. 아이가 학습에 부담을 느끼지 않고 한자 공부는 쉽고 재미있다는 느낌을 가질 수 있도록 A단계 1집에서부터 시작하는 것이 가장 이상적인 출발점입니다.

2. 복습호는 반드시 부모님이 함께 해 주세요.

각 집(권)마다 앞서 배운 한자의 복습호가 구성되어 있습니다. 복습호에서는 항상 형성평가를 실시하여 학습 수용도를 점검합니다. 이 때 부모님이 반드시 채점을 해 주시고, 결과에 따라 적절한 칭찬과 동기유발이 필요합니다. 또 복습주마다 구성된 놀잇감(A~D단계)으로 아이와 함께 놀아 주세요.

3. 교재 구입 즉시 분책하여 사용하세요.

〈기탄한자〉는 구입 즉시 분책하여 사용할 수 있도록 매주 학습할 분량이 별도의 책으로 특수제본(4in1시스템)되어 있습니다. 보통 책은 1번 제본하는 것으로 끝나지만 〈기탄한자〉는 무려 5번의 제본 과정을 거쳐 제작되었습니다. 각 호가 끝날 때마다 새 책으로 공부하게 되므로 아이에게 성취감과 기대감을 갖게 하고 학습 효과도 극대화시켜 줍니다.

4. 매일 일정한 시간에 규칙적으로 학습하게 하세요.

하루 5~10분을 학습하더라도 규칙적으로 학습하는 것이 중요합니다. 1호 분량이 1주일(5일) 학습 분량이므로 한 번에 억지로 하지 않게 하고, 반대로 너무 많은 양을 한꺼번에 하는 것도 좋지 않습니다. 어렸을 때부터 조금씩 매일매일 공부하는 습관을 길러 주도록 합니다.

5. 부모님이 직접 지도해 주세요.

〈기탄한자〉는 교사 방문 학습지와는 달리 아이 스스로 공부하고 부모님이 체크하는 자율적인 학습 모델을 채택하고 있습니다. 따라서 타 학습지 회사에서는 지도교사에게만 제공하는 지도 지침을 해당 호에 상세히 실었습니다. 각 호의 첫 장에 실린 '이렇게 도와주세요', '이번 주 학습포인트'에서는 한 주 동안의 지도 요점이 기재되어 있고, 각 페이지의 하단에도 지도 요점, 주의 사항 등을 기재하였습니다. 학부모님들이 〈기탄한자〉의 기획의도, 학습목표, 지도방법 등을 쉽게 이해하고 아이들에게 가르치기 편하도록 최대한 배려하였습니다.

6. 이미 익힌 한자는 아이가 실생활 속에서 활용하게 하세요.

아이가 이미 익힌 한자는 실생활 속에서 최대한 많은 사용 기회를 갖게 해 줍니다. 알았던 한자도 오랫동안 사용하지 않으면 잊혀지게 됩니다. 학습된 한자를 신문, 책, 대중매체, 인쇄물 등을 활용하여 확인하게 하고 글을 쓸 때 알고 있는 한자로 표현해 볼 기회를 자주 갖도록 합니다.

단계별 학습 한자와 한자능력검정시험 급수 배정 안내

단계	학습 한자	급수 응시 가이드
A단계	• 8급 : 山, 日, 月, 火, 水, 木, 金, 土, 一, 二, 三, 四, 五, 六, 七, 八, 九, 十, 人, 大, 小, 中 • 7급 : 川, 百, 千, 口, 手, 足, 力, 上, 下 • 6급·6급II : 目, 石　• 5급 : 耳　• 4급II : 田, 玉	A단계에서는 상형자, 지사자 중심의 기초한자 36자를 익혔습니다. 이는 한자능력검정시험 배정한자 중 **8급, 7급 배정한자 31자**와 **상위급수 한자 5자**가 포함됩니다. 학습자의 학년, 나이, 학습수용도에 따라 **8급, 7급** 이내에서 응시용 수험서(기탄급수한자 빨리따기)로 준비한 후 자격증 취득에 도전해 보세요.
B단계	• 8급 : 父, 母, 生, 門, 王, 白, 女 • 7급 : 子, 心, 車, 自, 工, 主, 里, 草, 花, 男, 夕, 面 • 6급·6급II : 身, 風　• 5급 : 牛, 士, 己, 魚, 雨, 馬 • 4급II : 羊, 鳥, 竹, 齒　• 4급 : 犬, 冊, 舌 • 3급II : 刀　• 3급 : 貝	B단계에서는 상형자, 지사자 중심의 기초한자 36자를 익혔습니다. 이는 A단계 학습 한자부터 누적하면 한자능력검정시험 배정한자 중 **8급, 7급 배정한자 50자**와 **상위급수 한자 22자**가 포함됩니다. 학습자의 학년, 나이, 학습수용도에 따라 **8급, 7급** 이내에서 응시용 수험서(기탄급수한자 빨리따기)로 준비한 후 자격증 취득에 도전해 보세요.
C단계	• 8급 : 兄, 弟, 外 • 7급 : 文, 少, 出, 入, 內, 來, 立, 天, 地, 江, 食, 方, 左, 右 • 6급·6급II : 言, 才, 交, 多, 光, 明, 行, 角, 古, 今, 衣, 向, 本, 分, 合 • 5급 : 化, 友, 去, 河, 臣, 兵, 卒, 末 • 4급II : 血, 肉, 步, 毛, 蟲　• 4급 : 君　• 3급II : 坐, 皮	C단계에서는 형성자, 회의자를 중심으로 48자의 기초한자를 익혔습니다. 이는 A단계 학습 한자부터 누적하면 한자능력검정시험 배정한자 중 **7급 배정한자 67자, 6급·6급II 배정한자 86자**와 **상위급수 한자 34자**를 익혔습니다. 학습자의 학년, 나이, 학습수용도에 따라 **7급, 6급·6급II** 이내에서 응시용 수험서(기탄급수한자 빨리따기)로 준비한 후 자격증 취득에 도전해 보세요.
D단계	• 8급 : 靑, 長, 國, 東, 西, 南, 北 • 7급 : 色, 住, 所, 姓, 名, 有, 平, 老, 正, 直, 孝, 前, 後, 道, 全, 世, 家 • 6급·6급II : 音, 利, 用, 公, 意, 弱, 短, 界, 聞, 童 • 5급 : 赤, 無, 思, 止, 法, 完, 善, 惡, 見, 兒 • 4급II : 貧, 富, 忠, 走	D단계에서는 형성자, 회의자를 중심으로 48자의 기초한자를 익혔습니다. 이는 A단계 학습 한자부터 누적하면 한자능력검정시험 배정한자 중 **7급 배정한자 91자, 6급·6급II 배정한자 120자**와 **상위급수 한자 48자**를 익혔습니다. 학습자의 학년, 나이, 학습수용도에 따라 **7급, 6급·6급II** 이내에서 응시용 수험서(기탄급수한자 빨리따기)로 준비한 후 자격증 취득에 도전해 보세요.
E단계	• 8급 : 寸, 民, 先, 年, 軍　• 7급 : 市, 同, 不, 字, 命, 祖 • 6급·6급II : 京, 各, 由, 失, 反, 共, 幸, 表, 形, 和, 別, 章 • 5급 : 品, 具, 曲, 可, 原, 因, 告, 首, 元, 必, 知, 加, 相, 再 • 4급II : 求, 回, 非, 未, 味, 香, 星, 單　• 4급 : 巨, 居, 異	E단계에서는 형성자, 회의자를 중심으로 48자의 필수한자를 익혔습니다. 이는 A단계 학습 한자부터 누적하면 한자능력검정시험 배정한자 중 **7급 배정한자 102자, 6급·6급II 배정한자 143자**와 **상위급수 한자 73자**를 익혔습니다. 학습자의 학년, 나이, 학습수용도에 따라 **6급·6급II, 5급** 이내에서 응시용 수험서(기탄급수한자 빨리따기)로 준비한 후 자격증 취득에 도전해 보세요.
F단계	• 8급 : 室, 校　• 7급 : 休, 安, 海, 林, 村, 洞, 便, 記, 語 • 6급·6급II : 信, 洋, 定, 注, 作, 使, 代, 感, 計, 始, 雪 • 5급 : 仙, 宅, 漁, 洗, 他, 位, 客, 材, 決, 流, 念, 情, 性, 雲 • 4급II : 官, 容, 俗, 保, 守, 志, 想, 詩, 進, 造, 好 • 4급 : 仁	F단계에서는 형성자, 회의자를 중심으로 48자의 필수한자를 익혔습니다. 이는 A단계 학습 한자부터 누적하면 한자능력검정시험 배정한자 중 **7급 배정한자 113자, 6급·6급II 배정한자 165자**와 **상위급수 한자 99자**를 익혔습니다. 학습자의 학년, 나이, 학습수용도에 따라 **6급·6급II, 5급** 이내에서 응시용 수험서(기탄급수한자 빨리따기)로 준비한 후 자격증 취득에 도전해 보세요.
G단계	• 8급 : 學 • 7급 : 夫, 重, 活, 動, 時, 間, 空, 氣, 事, 問, 答, 登, 場, 春, 夏, 秋, 冬, 物, 電 • 6급·6급II : 果, 美, 夜, 成, 功, 者, 集, 現, 在, 社, 會, 部, 省, 溫, 愛, 病, 死, 發, 書, 高, 苦, 樂, 朝, 理, 習 • 5급 : 實, 要, 景, 商, 技, 能, 貴, 敬, 件, 賞 • 4급II : 婦, 得, 協, 低, 眞	G단계에서는 형성자, 회의자를 중심으로 60자의 필수한자를 익혔습니다. 이는 A단계 학습 한자부터 누적하면 한자능력검정시험 배정한자 중 **7급 배정한자 133자, 6급·6급II 배정한자 210자**와 **상위급수 한자 114자**를 익혔습니다. 학습자의 학년, 나이, 학습수용도에 따라 **6급·6급II, 5급** 이내에서 응시용 수험서(기탄급수한자 빨리따기)로 준비한 후 자격증 취득에 도전해 보세요.

※ 이 표는 기탄한자 학습 후 한자능력검정시험 자격증 취득의 연계를 위한 지침입니다. 학습자의 학습경험이나 상태에 따라 개별적인 지침이 달라질 수 있습니다.

5호

기탄교과서한자 G단계 2집 65a~80a

G2집
65a-128a

4 in 1 시스템

기탄교과서한자는 학습효과를 극대화하기 위해 매주 학습할 분량이 별도의 책으로 특수제본되어 있습니다.

본 교재는 1권의 책 속에 1주일 학습할 분량의 교재 4권이 들어 있는 4 in 1 시스템으로 제본되어 있습니다. 따라서 4권의 책으로 분리되는 것이 정상적인 제본이며, 호별로 빼내어 학습하시면 아주 효과적입니다.

G2집
5호
65a-80a

초등 교과서 한자어를 총체 분석한 어휘력 향상 한자 학습 프로그램

기탄 교과서 한자

공부한 날   월   일 ~   월   일
            교   반
이름   전화

www.gitan.co.kr

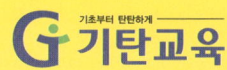

기초부터 탄탄하게
기탄교육

G단계 학습 한자 일람

	G단계						
1집	果, 實, 夫, 婦, 美	2집	時, 間, 空, 氣, 集	3집	問, 答, 登, 場, 省	4집	物, 件, 發, 電, 書
	重, 要, 活, 動, 得		現, 在, 協, 商, 事		春, 夏, 秋, 冬, 溫		高, 低, 苦, 樂, 朝
	夜, 景, 成, 功, 者		社, 會, 技, 能, 部		貴, 愛, 病, 死, 敬		眞, 理, 學, 習, 賞
	복습		복습		복습		복습

학습 진단 관리표

	한자		한자어		이번 주는
	읽기	쓰기	읽기	쓰기	
금주평가	Ⓐ 아주 잘함	Ⓐ 아주 잘함	Ⓐ 아주 잘함	Ⓐ 아주 잘함	● 학습방법 ❶ 매일매일 ❷ 가끔 ❸ 한꺼번에 하였습니다.
	Ⓑ 잘함	Ⓑ 잘함	Ⓑ 잘함	Ⓑ 잘함	● 학습태도 ❶ 스스로 잘 ❷ 시켜서 억지로 하였습니다.
	Ⓒ 보통	Ⓒ 보통	Ⓒ 보통	Ⓒ 보통	● 학습흥미 ❶ 재미있게 ❷ 싫증내며 하였습니다.
	Ⓓ 노력해야 함	Ⓓ 노력해야 함	Ⓓ 노력해야 함	Ⓓ 노력해야 함	● 교재내용 ❶ 적합하다고 ❷ 어렵다고 ❸ 쉽다고 하였습니다.
	지도 교사가 부모님께				부모님이 지도 교사께

종합평가   Ⓐ 아주 잘함   Ⓑ 잘함   Ⓒ 보통   Ⓓ 노력해야 함

1 일차 65a~67b	• 다시보기를 통하여 앞서 배운 한자 夜, 景, 成, 功, 者의 훈, 음, 형, 한자어를 복습합니다. • 이번 주에 학습할 時, 間, 空, 氣, 集의 용례를 문장 속에서 찾아봅니다. • '세계 최초의 측우기 발명가 장영실'을 읽고 이번 주 학습 한자를 찾아봅니다.
2 일차 68a~70b	• 알아보기를 통하여 時, 間의 3요소와 필순, 부수를 학습합니다. • 자원 알아보기를 통하여 형성, 회의 원리를 이해합니다. • 만화로 고사성어 刮目相對의 뜻과 쓰임을 알아보고 적절한 때 사용할 수 있습니다.
3 일차 71a~74b	• 알아보기를 통하여 空, 氣, 集의 3요소와 필순, 부수를 학습합니다. • 空, 氣, 集의 자원 이해를 통해 형성, 회의 원리를 이해합니다. • 동화 '거짓말 시합'을 읽고 학습 한자를 이야기 속에서 활용해 익힙니다.
4 일차 75a~77b	• 時, 間, 空, 氣, 集을 다른 한자와 결합하여 만든 한자어를 익힙니다. • 신문 기사를 읽고 기사문 속에 한자의 3요소를 적용하여 학습합니다.
5 일차 78a~80a	• 이번 주에 학습한 한자와 한자어를 마무리합니다. • 풀어보기를 통해 학습 한자를 정리하고 읽을거리 '연리지와 비익조'를 읽어 봅니다. • 형성평가를 풀이하여 한 주 학습의 성취도를 스스로 진단합니다.

夜 景 成 功 者 다시보기

1. 다음 빈 칸에 알맞은 훈음을 쓰세요.

夜 훈:____ 음:____

景 훈:____ 음:____

功 훈:____ 음:____

者 훈:____ 음:____

2. 서로 관련 있는 것끼리 선으로 이으세요.

夜 · · 夕 부수 – 총 8획

成 · · 戈 부수 – 총 7획

功 · · 耂 부수 – 총 9획

者 · · 力 부수 – 총 5획

3. 다음 보기 에서 알맞은 한자어를 찾아 쓰세요.

| 보기 | 成長 | 富者 | 風景 | 功臣 |

- 나라에 공로가 있는 신하 — ☐☐
- 사람이나 동물 등 생물이 자라남 — ☐☐
- 경치. 자연의 아름다운 모습 — ☐☐
- 살림이 넉넉하고 재산이 많은 사람 — ☐☐

4. 다음 보기 에서 알맞은 음을 찾아 쓰세요.

| 보기 | 부족 | 외국 | 성장 | 인력 |

1960년대 우리 나라는 천연자원이 不足☐☐한데다가 우수한 人力☐☐도 없었으며, 기술력도 후진국 수준이었다. 그래서 대부분의 外國☐☐ 사람들이 한국 경제는 成長☐☐하기 힘들 것이라고 생각하였다.

時, 間이 쓰인 문장을 읽고 빈 칸에 한자어의 음을 쓰세요.

두 버스가 8시 20분에 **同時(동시)**에 출발하였습니다.

마라톤은 **人間(인간)** 능력의 한계에 도전하는 경기라고 불리운다.

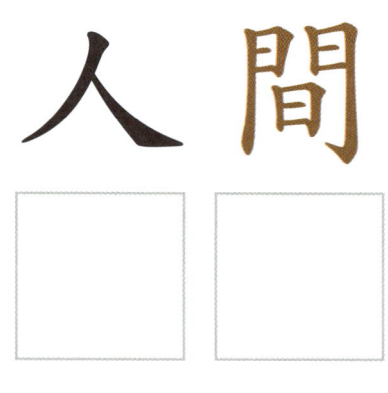

同 : 같을 동(E2-5)　　人 : 사람 인(A3-11)

空, 氣가 쓰인 문장을 읽고 빈 칸에 한자어의 음을 쓰세요.

연이 **空中(공중)**으로 높이높이 올라갔습니다.
내 마음도 연과 함께 하늘 끝까지 올라갑니다.

空 中
☐ ☐

空氣(공기)가 빠진 배구공에 펌프를 이용하여
空氣를 채워 넣었습니다.

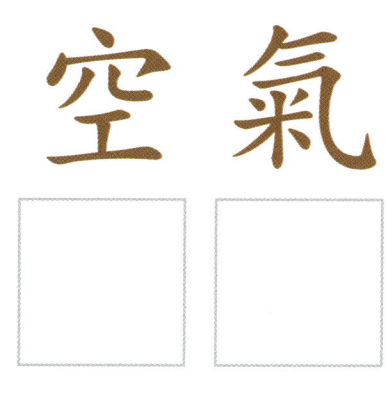

空 氣
☐ ☐

中 : 가운데 중(A4-15)

集 찾아보기

📖 集이 쓰인 문장을 읽고 빈 칸에 한자어의 음을 쓰세요.

우리 반의 노력이 깃든 멋진 **文集(문집)**을 드디어 완성했습니다.

文 集
☐ ☐

📖 時, 間, 空, 氣, 集이 쓰인 한자어의 음을 읽어 보세요.

| 同時 동시 | 人間 인간 | 空中 공중 |
| 空氣 공기 | 文集 문집 | |

확인하기 文 : 글월 문(C1-1)   同 : 같을 동(E2-5)   人 : 사람 인(A3-11)   中 : 가운데 중(A4-15)

人物 이야기로 배우는 漢字

인물 이야기를 통해 時, 間, 空, 氣, 集의 훈음을 알아보세요.

세계 최초의 측우기 발명가 장영실

장영실은 조선 시(時)대 기생의 아들로 태어났습니다. 천한 신분임에도 불구하고 손재주가 남달라 열 살 무렵 동래현청에서 일하게 되었습니다. 거기서 그는 매일 하늘과 공기(空氣)의 움직임을 기록하고, 달의 움직임과 해가 뜨고 지는 시(時)각을 집(集)계하여 농사짓는 데 필요한 자료를 만들 수 있었습니다. 이러한 노력은 결국 동래현감의 인정을 받게 되고 훗날 세종대왕의 사신이 되어 중국에 파견되는 영광을 누리게 됩니다.

중국에서 돌아온 장영실은 새로운 도구를 만드는 일에 더욱 집(集)중합니다.

그리하여 우리 나라 최초의 물시(時)계인 자격루를 완성했습니다. 자격루는 매 시간(時間)마다 자동으로 북이나 종을 쳐 시간(時間)을 알려 주는 기계로 매우 편리하게 쓰였다고 합니다. 그러나 장영실은 이에 만족하지 않고 비의 양을 측정하는 측우기를 발명합니다. 농업을 중시 여기는 우리 나라에서 비의 양을 재는 것은 매우 중요한 일이라는 것을 생각한 거지요. 이렇게 해서 발명된 측우기는 세계 최초의 기(氣)상 관측 장비가 되었습니다. 이렇게 장영실은 우리 민족의 독창적인 과학 문명을 세계적으로 널리 알리는 데 큰 공헌을 하였습니다.

時 : 때 시　　間 : 사이 간　　空 : 빌 공　　氣 : 기운 기　　集 : 모일 집

장영실 [蔣英實] 조선 전기 세종 때의 과학자입니다. 기생의 아들로 태어나 관노 출신이었으나 과학적 재능을 인정받아 노비의 신분을 벗고 각종 천문의를 제작 감독하는 일을 하였습니다. 해시계를 발명하였고 세계 최초의 수표와 측우기를 발명하여 하천의 범람을 미리 알 수 있도록 하였습니다. 그러나 그가 감독 제작한 임금의 가마가 부서지는 사고가 나자 의금부에서 고초를 치르고 파직당하였습니다.

📖 時의 훈과 음을 읽어 보세요.

훈:때 음:시

🔍 時가 만들어진 유래를 알아보세요.

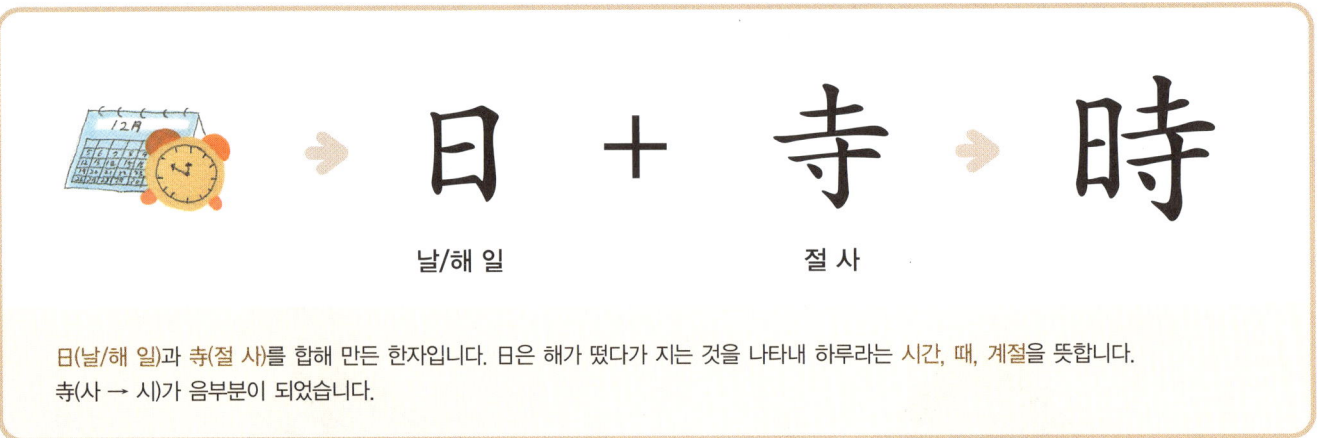

日(날/해 일)과 寺(절 사)를 합해 만든 한자입니다. 日은 해가 떴다가 지는 것을 나타내 하루라는 시간, 때, 계절을 뜻합니다. 寺(사 → 시)가 음부분이 되었습니다.

✍ 빈 칸에 알맞게 쓰세요.

時는 ☐ (날/해 일)과 ☐ (절 사)를 합한 한자로
훈은 ☐ 이고, 음은 ☐ 입니다.

확인하기 日 : 날/해 일(A1-1)   寺 : 절 사

🌙 **時의 부수와 총획수를 알아보고 빈 칸에 알맞게 쓰세요.**

| 時 때 시 | 부수 - 日　　총획 - 10획 |

▶ 日은 '날/해 일' 입니다.

- **時**의 **훈**은 [　　] 이고, **음**은 [　　] 입니다.
- **時**의 **부수**는 [　　] 이고, **총획**은 [　　] 입니다.

✏️ **時의 필순을 알아보고 알맞게 쓰세요.**

　丨　冂　月　日　日⁻　日⁺　旷　旷　時　時

확인하기 • 时는 時의 간체자입니다. 간체자(簡體字)는 중국에서 필획이 많고 복잡한 본래의 정자체를 줄여서 간단히 만든 한자를 말합니다. 곧 중국에서는 時를 时로 표기합니다.

📖 間의 훈과 음을 읽어 보세요.

훈:사이 음:간

💬 間이 만들어진 유래를 알아보세요.

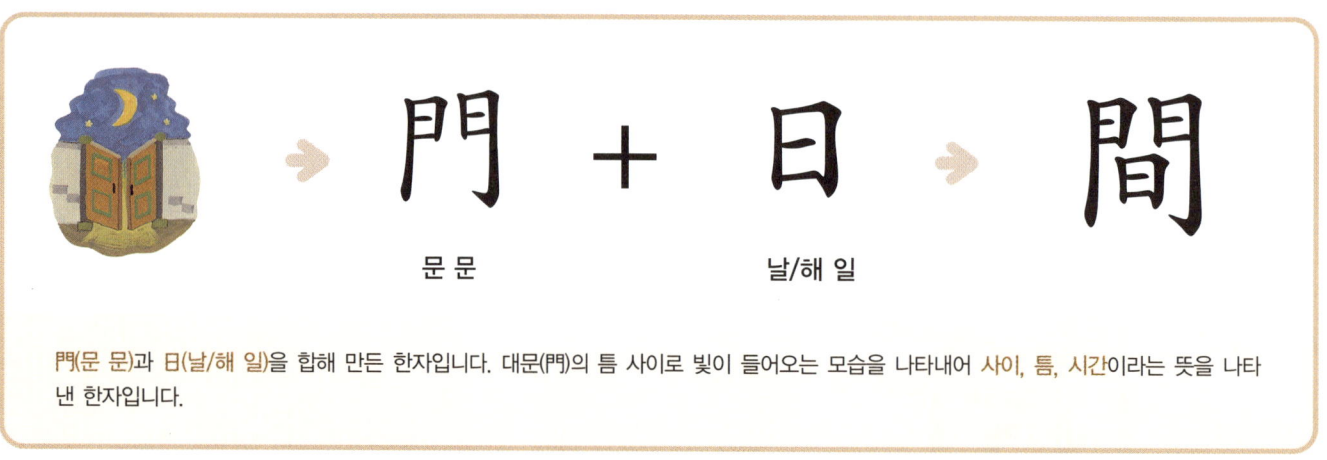

門 + 日 ➤ 間

문 문 　　　 날/해 일

門(문 문)과 日(날/해 일)을 합해 만든 한자입니다. 대문(門)의 틈 사이로 빛이 들어오는 모습을 나타내어 사이, 틈, 시간이라는 뜻을 나타낸 한자입니다.

✏️ 빈 칸에 알맞게 쓰세요.

間은 ☐ (문 문)과 ☐ (날/해 일)을 합한 한자로

훈은 ☐ 이고, 음은 ☐ 입니다.

확인하기 門 : 문 문(B2-6)　　日 : 날/해 일(A1-1)

🔍 間의 부수와 총획수를 알아보고 빈 칸에 알맞게 쓰세요.

間
사이 간

부수 – 門   총획 – 12획

▶門은 '문 문' 입니다.

· 間의 **훈**은 [   ] 이고, **음**은 [   ] 입니다.
· 間의 **부수**는 [   ] 이고, **총획**은 [   ] 입니다.

✏️ 間의 필순을 알아보고 알맞게 쓰세요.

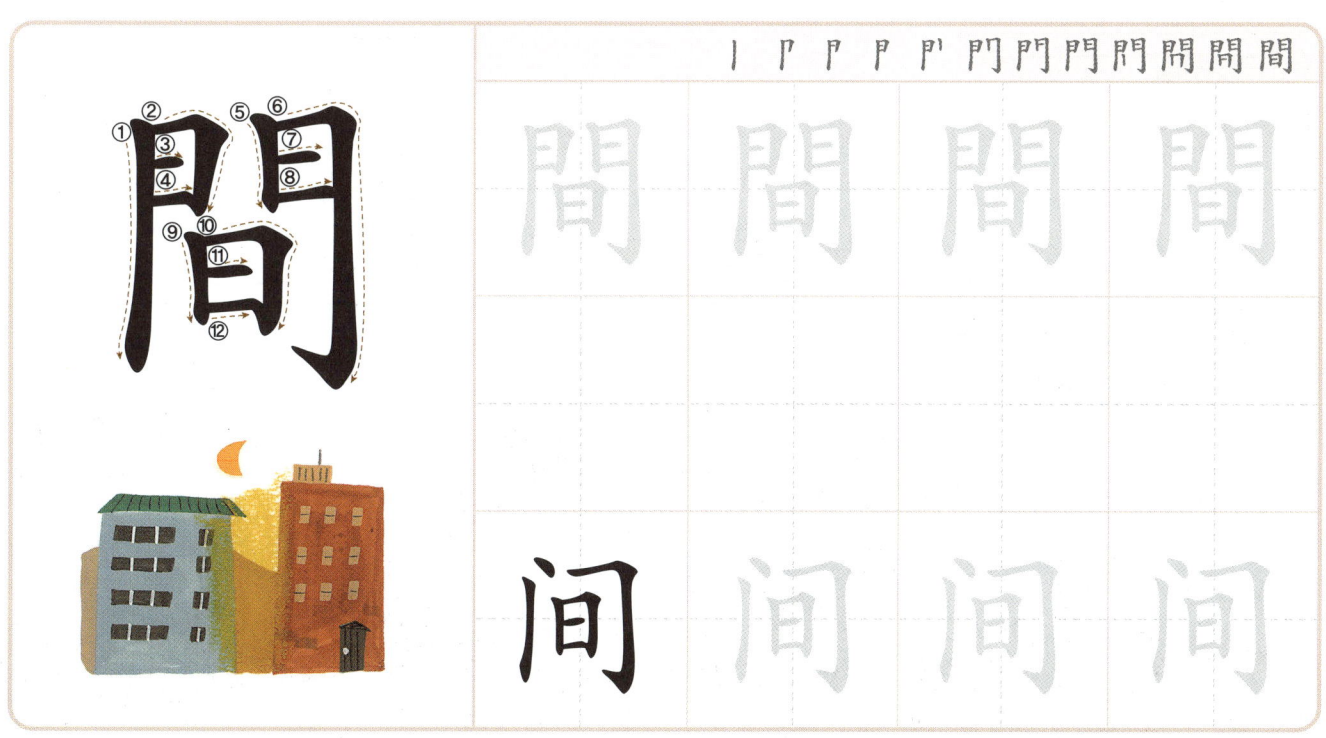

｜ ｢ ｢ ｢ ｢' 門 門 門 門 閂 閆 間

間 間 間 間

间 间 间 间

확인하기 · 间은 間의 간체자입니다. 간체자(簡體字)는 중국에서 필획이 많고 복잡한 본래의 정자체를 줄여서 간단히 만든 한자를 말합니다. 곧 중국에서는 間을 间으로 표기합니다.

刮 : 눈비빌 **괄**　　目 : 눈 **목**　　相 : 서로 **상**　　對 : 대할 **대**

刮目相對 괄목상대

눈을 비비고서 다시 상대방을 본다는 의미로 주로 손아랫사람의 학식이나 재주 따위가 놀랍도록 향상된 경우에 이를 놀라는 뜻으로 쓰이는 성어입니다.

📖 空의 훈과 음을 읽어 보세요.

훈 : 빌   음 : 공

空이 만들어진 유래를 알아보세요.

穴 + 工 ▸ 空

구멍 혈   장인 공

穴(구멍 혈)과 工(장인 공)을 합해 만든 한자입니다. 구멍이 텅 비어 있는 모습에서 비다, 공중이라는 뜻을 나타냈습니다. 穴이 뜻부분으로 쓰였고, 工이 음부분으로 쓰였습니다.

빈 칸에 알맞게 쓰세요.

空은 [穴] (구멍 혈)과 [   ] (장인 공)을 합한 한자로
훈은 [   ] 이고, 음은 [   ] 입니다.

확인하기 穴 : 구멍 혈   工 : 장인 공(B2-6)

空의 부수와 총획수를 알아보고 빈 칸에 알맞게 쓰세요.

空
빌 공

부수 – 穴   총획 – 8획

▶ 穴은 '구멍 혈' 입니다.

· 空의 **훈**은 ☐ 이고, **음**은 ☐ 입니다.
· 空의 **부수**는 ☐ 이고, **총획**은 ☐ 입니다.

空의 필순을 알아보고 알맞게 쓰세요.

`、 ｀ 宀 宂 穴 穴 空 空`

空 空 空 空

확인하기 · 穴은 구멍이나 동굴이라는 뜻을 나타냅니다.

📖 氣의 훈과 음을 읽어 보세요.

훈:기운 음:기

🔍 氣가 만들어진 유래를 알아보세요.

气 + 米 → 氣

기운 기   쌀 미

气(기운 기)와 米(쌀 미)를 합해 만든 한자입니다. 气는 새털 구름의 모습을 본뜬 것에서 보이거나 보이지 않는 김과 기운이라는 뜻을 나타내고, 米는 쌀알처럼 작은 것을 나타내어 기운, 공기, 숨 등을 뜻하는 한자입니다. 米(미 → 기)가 음부분이 되었습니다.

✍ 빈 칸에 알맞게 쓰세요.

氣는 | 气 | (기운 기)와 | 米 | (쌀 미)를 합한 한자로

훈은 ☐ 이고, 음은 ☐ 입니다.

[확인하기] 气 : 기운 기   米 : 쌀 미

氣의 부수와 총획수를 알아보고 빈 칸에 알맞게 쓰세요.

氣
기운 기

부수 – 气   총획 – 10획

▶气는 '기운 기' 입니다.

- 氣의 **훈**은 [　　] 이고, **음**은 [　　] 입니다.
- 氣의 **부수**는 [　　] 이고, **총획**은 [　　] 입니다.

氣의 필순을 알아보고 알맞게 쓰세요.

丿 ㇒ 厂 气 气 气 氞 氣 氣 氣

氣　氣　氣　氣

气　气　气　气

확인하기 • 气는 氣의 간체자입니다. 간체자(簡體字)는 중국에서 필획이 많고 복잡한 본래의 정자체를 줄여서 간단히 만든 한자를 말합니다. 곧 중국에서는 氣를 气로 표기합니다.

📖 集의 훈과 음을 읽어 보세요.

훈 : 모일 음 : 집

集이 만들어진 유래를 알아보세요.

隹 + 木 → 集

새 추   나무 목

隹(새 추)와 木(나무 목)을 합해 만든 한자입니다. 여러 마리의 새(隹)가 나무(木) 위에 모여 있는 모양을 나타내어 **모이다, 이루어지다**를 뜻합니다. 여러 마리의 새가 나무에 앉은 모습을 나타내어 처음에는 雧으로 표기하다가 集으로 자형이 굳어졌습니다.

빈 칸에 알맞게 쓰세요.

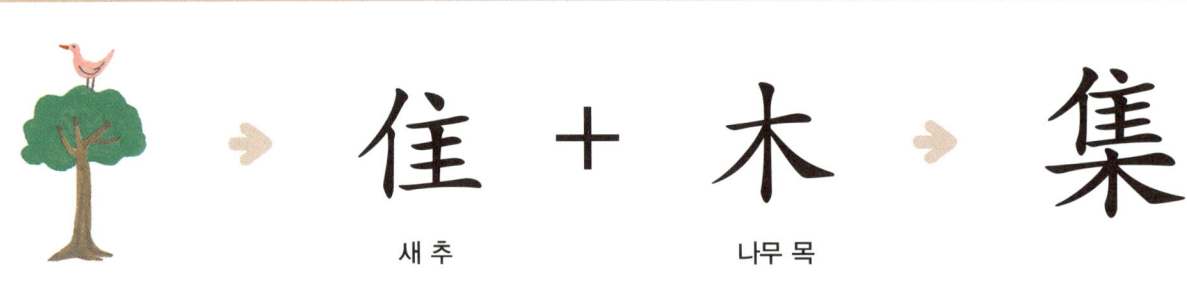

集은 [隹] (새 추)와 [   ] (나무 목)을 합한 한자로

훈은 [   ] 이고, 음은 [   ] 입니다.

확인하기 隹 : 새 추   木 : 나무 목(A1-3)

集의 부수와 총획수를 알아보고 빈 칸에 알맞게 쓰세요.

集
모일 집

부수 – 隹　　총획 – 12획

▶隹는 '새 추' 입니다.

· 集의 훈은 ☐ 이고, 음은 ☐ 입니다.
· 集의 부수는 ☐ 이고, 총획은 ☐ 입니다.

集의 필순을 알아보고 알맞게 쓰세요.

ノ 亻 亻 亻 作 作 佳 隹 隹 隼 集 集

• 隹는 꽁지가 짧고 똥똥한 새를 본떠 만든 한자로 작은 새를 나타냅니다. 隹가 쓰인 한자는 주로 새에 관한 문자를 이룹니다. 예) 雀(참새 작)

😊 동화를 읽고 보기 에서 알맞은 한자나 음을 찾아 쓰세요.

거짓말 시합 1

옛날에 어느 마을의 한 영감님이 거짓말 시합을 열었어요. 자기 입에서 거짓말이란 말이 세 번 나오게 하는 사람에게 돈 천 냥을 주겠다는 것이었어요.

영감님네 마당에 雲集 ☐ ☐ 한 사람들은 얼토당 토 않은 거짓말을 해댔지만 아무리 오랜 時間 ☐ ☐ 이 지나도 영감님은 '거짓말' 이라고 말할 氣色 ☐ ☐ 조차 보이지 않았습니다.

보기 운집   기색   시간   공간   부자

그러던 어느 날, 시골에서 한 총각이 영감님을 찾아왔습니다. 총각은 자신있게 거짓말을 하기 시작했어요.

"나리, 저는 나리보다 백 배는 더 富者☐☐랍니다. 소를 잘 키운 덕이지요."

"소를 어떻게 키웠느냐?"

"먼저 소를 구멍 뚫은 나무 상자에 넣습니다. 소가 자랄수록 상자의 空間☐☐이 부족해지니 소의 살이 구멍 밖으로 삐져 나오겠지요? 그걸 베어 내면 소고기를 얻을 수 있지요. 소는 계속 자랐고 그럴 때마다 살을 베어 내어 팔았습니다. 여기 그 쇠고기를 가져왔으니 잡숴 보세요."

그러고는 영감님 앞에다 죽은 쥐를 턱 내놓았습니다.

"예끼! 이놈! 그런 거짓말이 어디 있단 말이냐!"

– 계속 –

확인하기 雲 : 구름 운(F4-15)　　色 : 색/빛 색(D1-1)　　富 : 부유할 부(D2-6)　　者 : 사람 자(G1-3)

時로 漢字語 만들기

📖 빈 칸에 알맞게 쓰고 時로 이루어지는 한자어를 알아보세요.

1. 日 + [때 시] → 日時 (날짜와 시간)

다음 회의 **日時**(   )는 언제입니까?

2. [때 시] + 代(대신할 대) → 時代 (역사적으로 구분한 어떤 기간)

우리 조상들은 찰흙으로 많은 작품을 만들었습니다. 그 작품으로는 삼국 **時代**(   ) 기마 인물 모양 토기, 연꽃 무늬 벽돌 등이 있습니다.

3. 同 — 時   동 시
   時 — 計 → 同 [ ]   같은 때
       代   시 계
               [ ] 計   시각을 나타내거나 시간을 재는 장치
               시 대
               [ ] 代   역사적으로 구분한 어떤 기간

확인하기 日: 날/해 일(A1-1)   代: 대신할 대(F3-10)   同: 같을 동(E2-5)   計: 셀/꾀 계(F4-13)

📖 빈 칸에 알맞게 쓰고 間으로 이루어지는 한자어를 알아보세요.

1.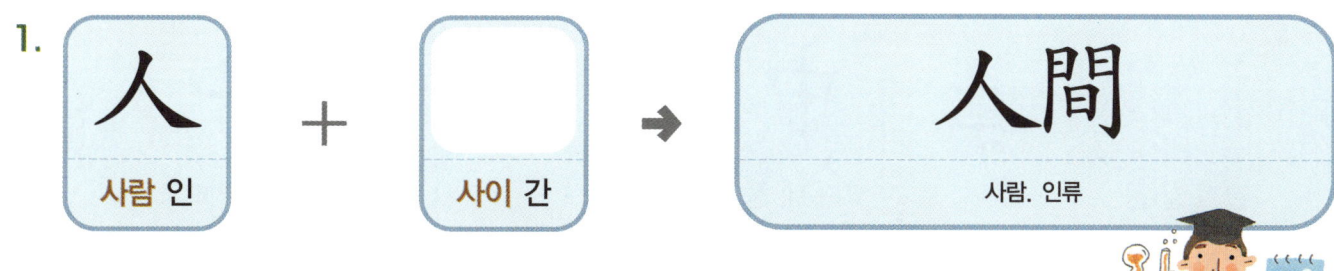

人間( )의 게놈 지도가 완성되면서 전세계적으로 생명 공학에 대한 관심이 높아지고 있다.

2.

山間( ) 지역에서는 밭을 일구어 채소를 가꾸거나, 목장을 만들어 소나 양을 기른다. 또, 인삼 등의 약초와 버섯, 꽃 등을 가꾸기도 한다.

3.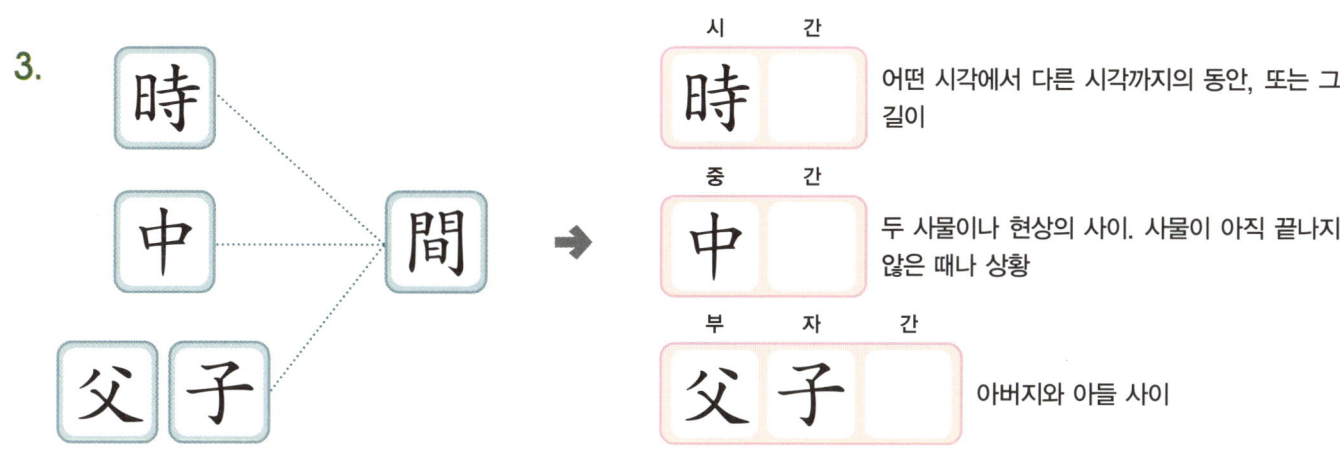

확인하기 人 : 사람 인(A3-11) 山 : 산/뫼 산(A1-1) 中 : 가운데 중(A4-15) 父 : 아버지 부(B1-2) 子 : 아들 자(B1-2)

空으로 漢字語 만들기

👀 빈 칸에 알맞게 쓰고 空으로 이루어지는 한자어를 알아보세요.

1.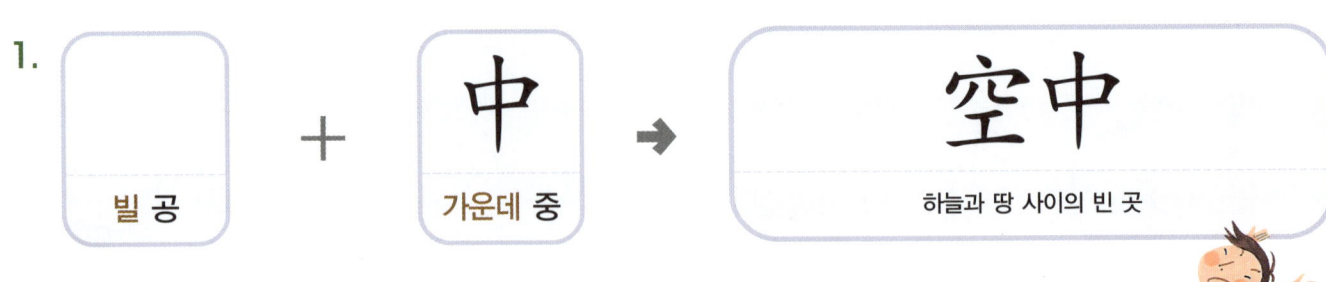

□ (빌 공) + 中 (가운데 중) → 空中 (하늘과 땅 사이의 빈 곳)

뜀틀이나 상자를 밟고 뛰어올라 **空中**(　　　)에서 가슴을 내밀면서 뛰어 보고, 몸의 탄력을 이용하여 솟구치면서 멀리 나아가 봅시다.

2.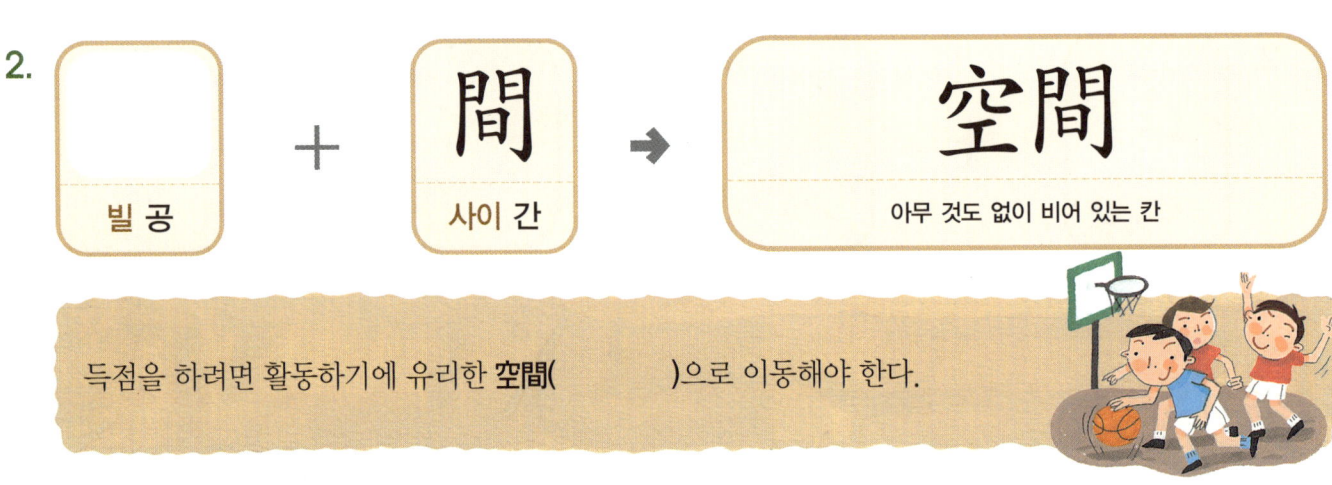

□ (빌 공) + 間 (사이 간) → 空間 (아무 것도 없이 비어 있는 칸)

득점을 하려면 활동하기에 유리한 **空間**(　　　)으로 이동해야 한다.

3.

空 — 中 / 冊 / 想 →

- 공 중 □中 : 하늘과 땅 사이의 빈 곳
- 공 책 □冊 : 글씨를 쓸 수 있게 백지로 매어 놓은 책
- 공 상 □想 : 실행할 수 없거나 실현될 수 없는 헛된 생각을 함

확인하기 中 : 가운데 중(A4-15)　　冊 : 책 책(B3-10)　　• '책 책'의 자형은 冊·册 두 가지 모두 통용됩니다.　　想 : 생각 상(F3-11)

氣로 漢字語 만들기

빈 칸에 알맞게 쓰고 氣로 이루어지는 한자어를 알아보세요.

1.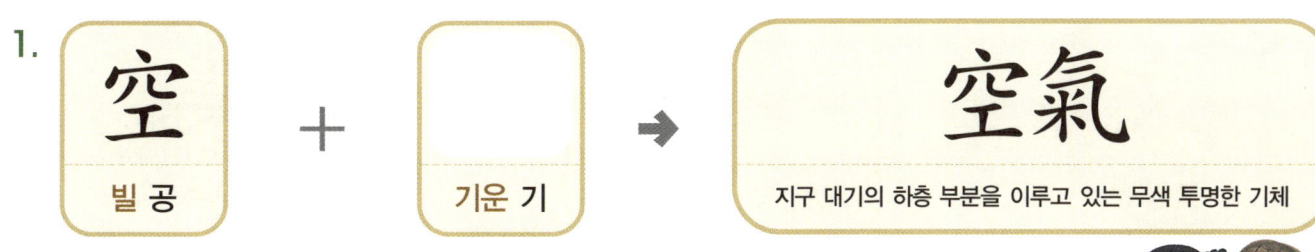

空氣( )를 이용하여 손으로 밀지 않고 물체를 움직여 봅시다.

2.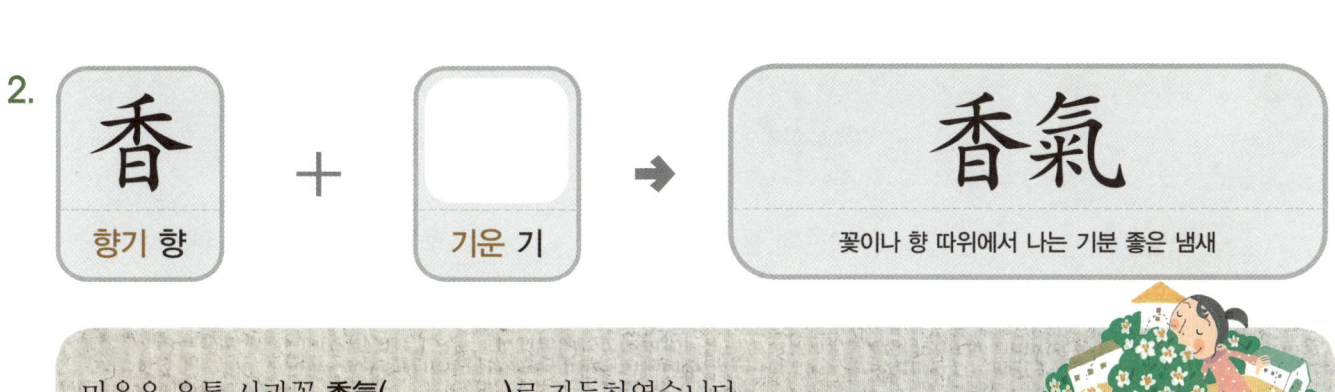

마을은 온통 사과꽃 香氣( )로 가득하였습니다.

3.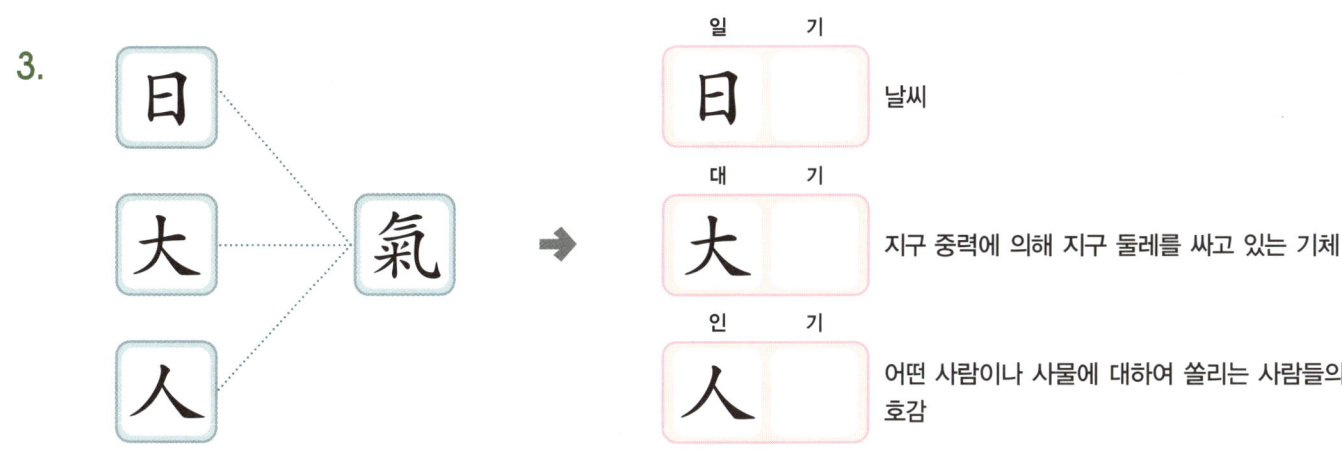

확인하기 香 : 향기 향(E3-11) 日 : 날/해 일(A1-1) 大 : 큰 대(A4-14) 人 : 사람 인(A3-11)

集으로 漢字語 만들기

빈 칸에 알맞게 쓰고 集으로 이루어지는 한자어를 알아보세요.

1.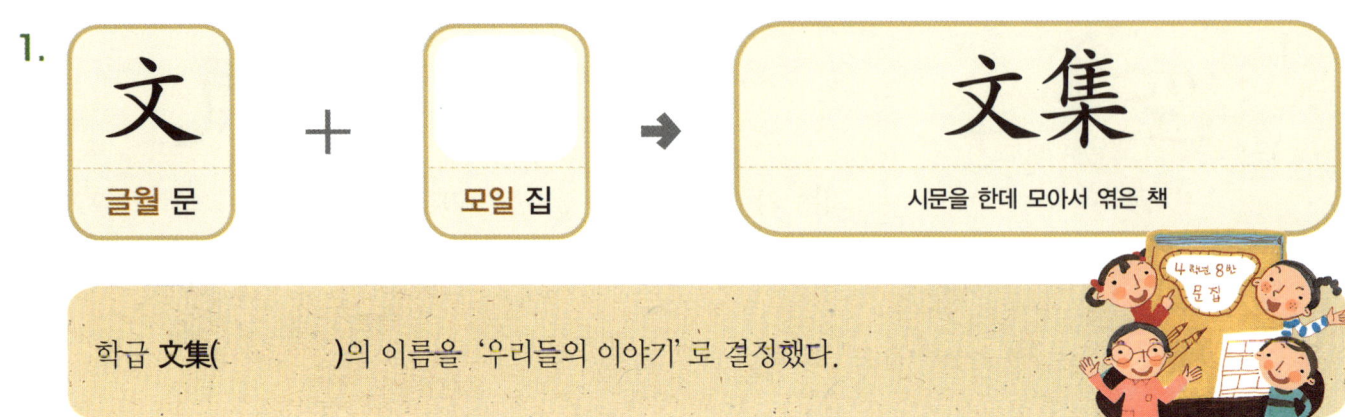

학급 **文集**(　　　　)의 이름을 '우리들의 이야기'로 결정했다.

2.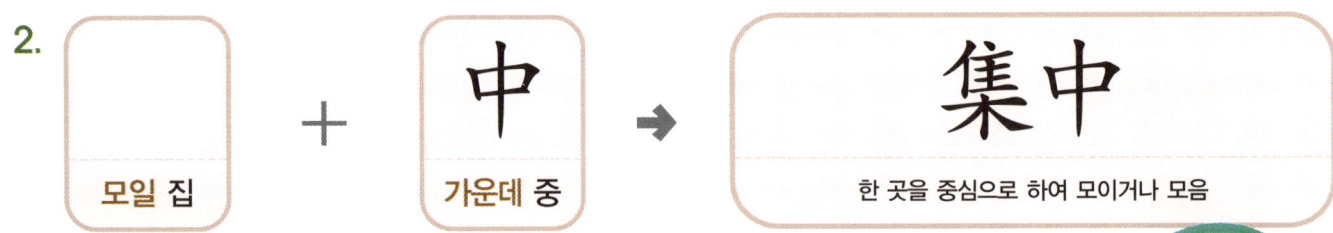

우리 나라의 경우, 전 국토의 8.9%에 불과한 도시에 전 인구의 약 80%가 살고 있으며, 특히 수도권과 여러 광역시에 인구가 **集中**(　　　　)되어 있다.

3.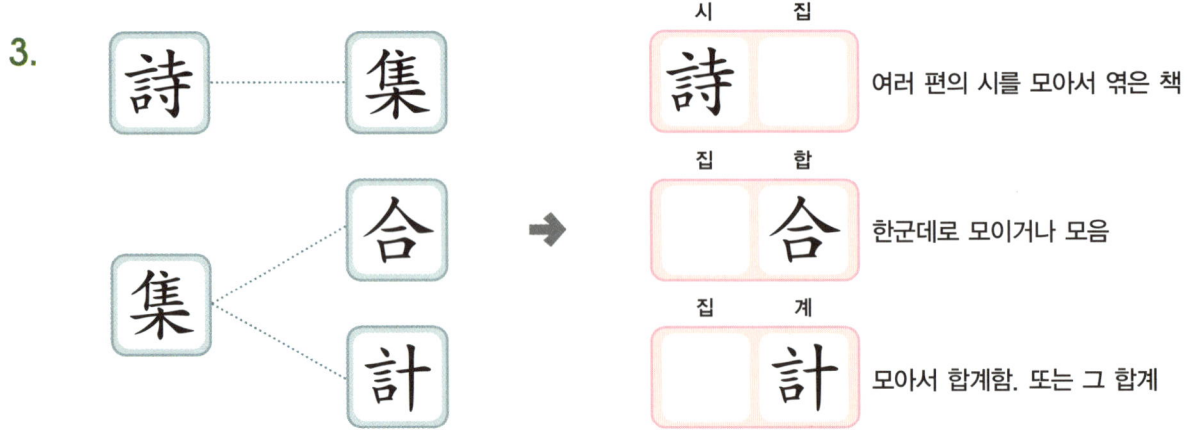

| 시 | 집 |
詩 □ 여러 편의 시를 모아서 엮은 책

| 집 | 합 |
□ 合 한군데로 모이거나 모음

| 집 | 계 |
□ 計 모아서 합계함. 또는 그 합계

확인하기 文 : 글월 문(C1-1)　　中 : 가운데 중(A4-15)　　詩 : 시 시(F4-13)　　合 : 합할 합(C4-15)　　計 : 셀/꾀 계(F4-13)

新聞으로 배우는 漢字

🔍 신문 기사를 읽고 물음에 답하세요.

나도 新聞을 읽을 수 있어요! 제5호

[커버스토리] 귀성길 차 안에서 게임 한 판

길게는 10시간 이상 걸리는 추석 귀성길, 차 안에서 지루함을 달랠 좋은 방법은 없을까.

아무래도 휴대용 게임기나 휴대전화로 게임을 하거나 조각 맞추기 등 퍼즐을 하면 ㉠<u>시간</u>이 금방 갈 것 같다. 휴대용 장기·바둑판을 이용해 장기나 바둑을 두거나 책을 읽는 고전적인 방법도 괜찮다. 어린이가 있는 가족이 함께 즐기기를 원한다면 게임을 해보자. 처음엔 좀 유치하게 느껴져도 하다보면 자신도 모르게 얼굴이 빨개지도록 웃게 된다.

한국 레크리에이션교육센터(www.krl.co.kr)의 한모 대표와 ㉡<u>人氣</u> 레크리에이션 강사인 신모씨(www.dr-clack.com)가 차 안에서 즐길 만한 게임을 추천했다.

좁은 ㉢<u>공간</u>, 적은 인원이라는 것을 감안해 동작은 적게 하면서 충분히 즐길 수 있고 누구나 하기 쉬운 게임이다.

○ 내기 해 볼까?

각 기준에 따라 1등을 한 사람에게 선물을 주는 방식으로 ㉣<u>進行</u>한다.

▽도착시각 맞히기=차내 게임의 선두주자. 도착까지의 거리를 짐작해 가장 비슷하게 맞춘 사람이 이긴다.

▽차량 대수 맞추기=제한 시간을 몇 분으로 정해두고 그 시간 내에 지나치는 차량의 대수를 예상해서 각자 적는다. 그동안 진행자가 대수를 센다. 가장 근사치를 적어낸 사람이 1등이다.

▽문자게임=각자 특정인에게 휴대전화 문자메시지를 보내고 답장이 가장 먼저 오는 사람이 이긴다.

자기 자신에게 보내는 사람도 있으므로 가급적 누구에게 보내는지 공개도 하고 옆 사람이 검사해야 한다.

[동아일보] 2004-09-24

---

1. ㉠을 한자로 바꾸어 쓰세요.

2. ㉡의 음을 쓰세요.

3. ㉢을 한자로 바꾸어 쓰세요.

4. ㉣의 음을 쓰세요.

漢字語 다지기
時 間 空 氣 集

빈 칸에 알맞은 음을 쓰고 필순에 맞게 한자를 쓰세요.

1. 日時 — 일시
   時 — 丨 冂 冂 日 日＾ 日土 日土 時 時
   時 时 时

2. 人間
   間 — 丨 冂 冂 冂 冂 門 門 門 問 問 間
   間 间 间

3. 空中
   空 — 丶 丷 宀 宀 宀 空 空 空
   空 空

4. 香氣
   氣 — 丿 ┌ 匸 气 气 气 気 氧 氣 氣
   氣 气 气

5. 文集
   集 — 丿 亻 イ 亻 亻 亻 亻 佳 隹 隹 集 集
   集 集

빈 칸에 공통적으로 들어갈 한자를 쓰세요.

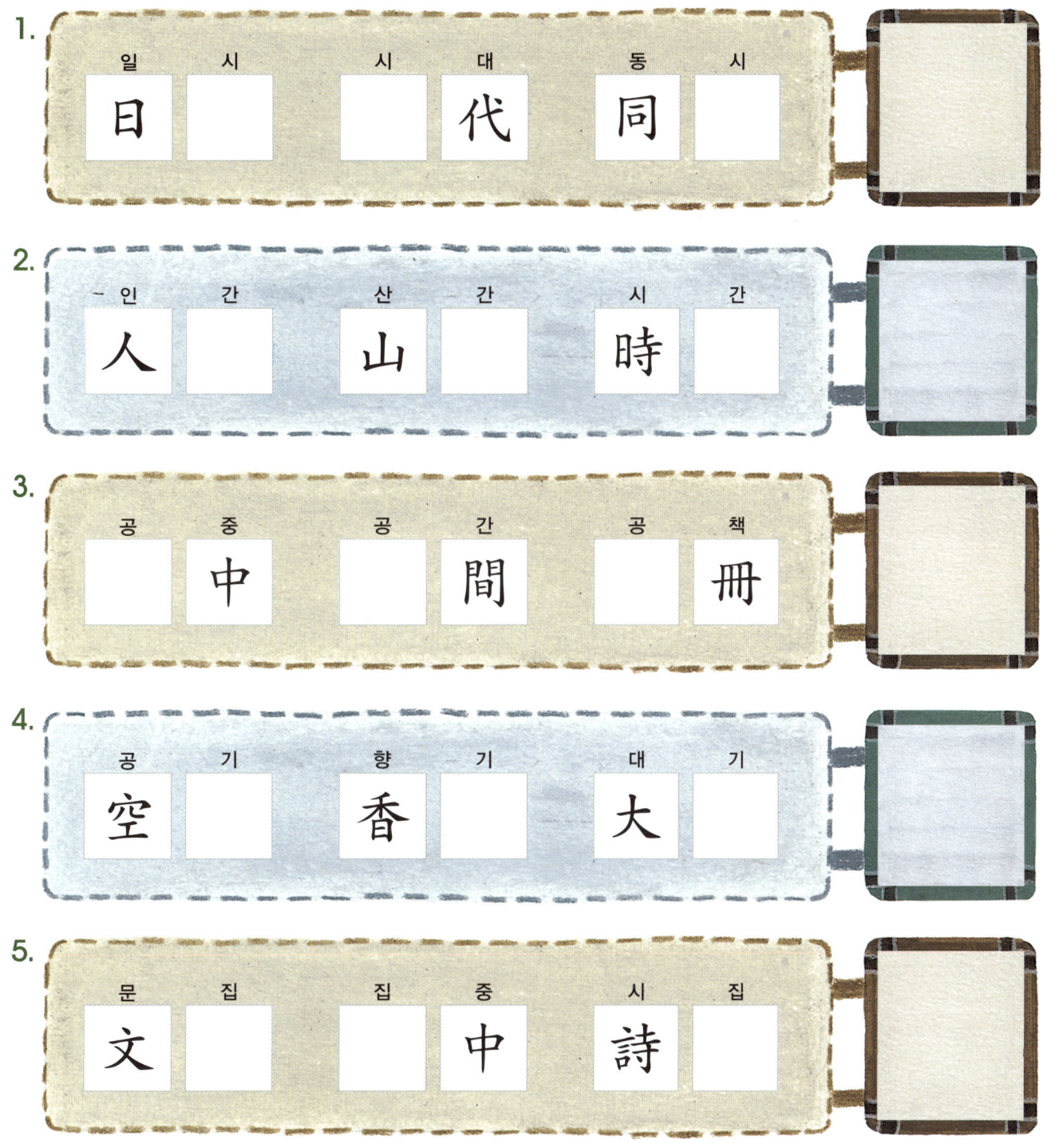

1. 서로 관련 있는 것끼리 선으로 이으세요.

時 ·	· 기운	· 공
氣 ·	· 모일	· 기
空 ·	· 때	· 집
間 ·	· 사이	· 시
集 ·	· 빌	· 간

2. 다음 빈 칸에 알맞은 한자를 쓰세요

   일 시
　　　　　　　日 □

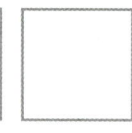   집 중
　　　□ 中

   공 책
　　　□ 冊

   인 간
　　　人 □

3. 다음 빈 칸에 공통적으로 들어갈 한자를 쓰세요.

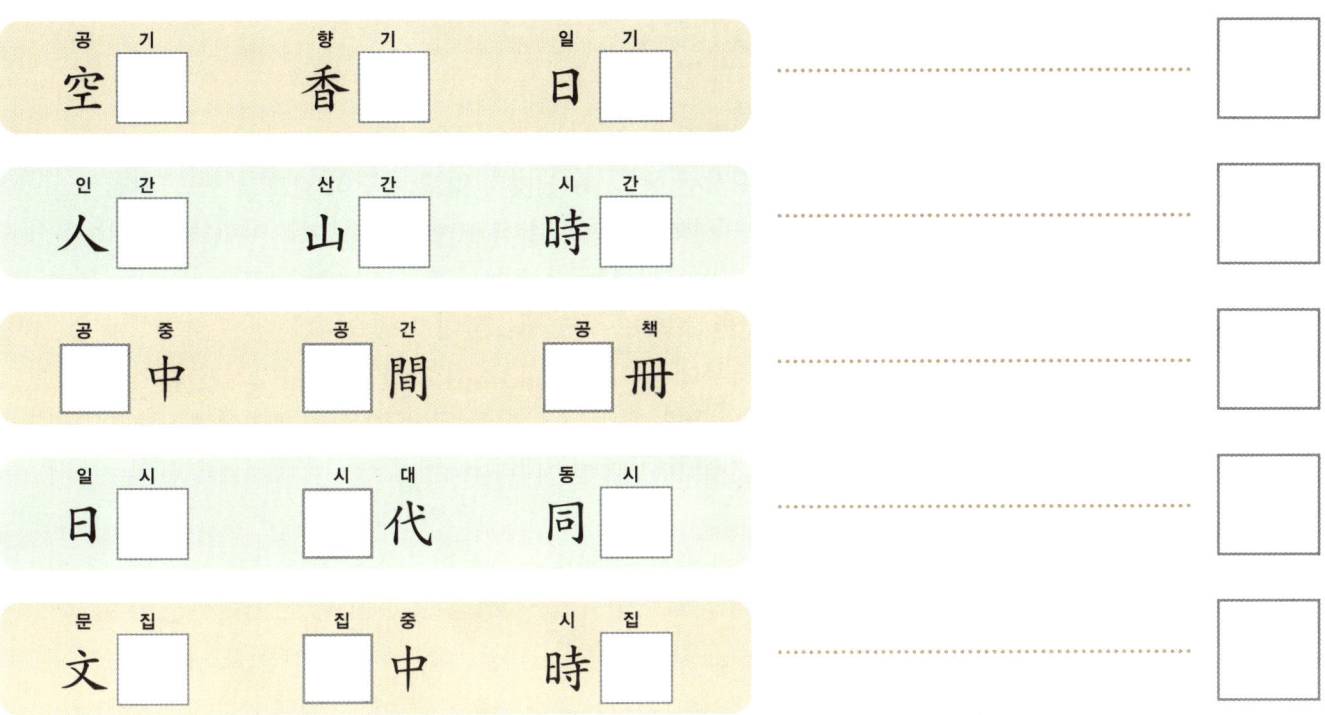

4. 다음 보기에서 알맞은 한자어를 찾아 쓰세요.

| 보기 | 同時 | 人間 | 空中 | 日氣 | 文集 |

• 마라톤은 흔히 [인][간] 의 한계에 도전하는 경기라고 합니다.

• 뜀틀을 넘는 순서는 도움닫기, 발구르기, [공][중] 동작, 착지입니다.

• 우리 반은 학년말에 그 동안의 글짓기 작품을 모아 [문][집] 을 만듭니다.

• [일][기] 예보를 듣고 우산을 준비해 갔습니다.

• 육상 선수들이 총소리와 함께 [동][시] 에 출발하였습니다.

연리지와 비익조

후한 말의 문인인 채옹은 효성이 지극하기로 소문이 나 있었습니다.
채옹은 어머니가 병으로 자리에 눕자 삼년 동안 옷을 벗지 않고 극진히 간호를 했습니다. 어머니의 병이 더욱 깊어져 위중해지자 백일 동안이나 잠자리에 들지 않고 어머니를 보살폈습니다. 그렇게 극진히 간호를 했지만 어머니는 결국 돌아가시고 말았습니다.
어머니가 돌아가시자 채옹은 무덤 곁에 초막을 짓고 시묘살이를 했습니다.
그 후 채옹의 초막 앞에 두 그루의 나무에 싹이 나더니, 점점 자라서 서로 가지가 붙어 몸이 이어져 마침내 한 그루처럼 되었습니다. 사람들은 이를 두고 채옹의 효성이 지극하여 부모의 몸과 채옹의 몸이 한몸이 된 것이라고 말했습니다.

이 이야기는 후한서라는 책의 채옹전에 나오는 이야기입니다.
연리지(連理枝)는 이렇게 뿌리가 다른 나뭇가지가 서로 엉켜 마치 한 나무처럼 자라는 것으로 효성이 지극함을 나타냈으나 현재는 남녀의 사이, 혹은 부부 사이가 좋은 것을 비유하게 되었습니다. 실제로 강원도 오대산의 월정사에서 상원사로 가는 길에 연리지가 많이 있습니다.
또 전설 속의 새인 비익조(比翼鳥)라는 새에 빗대어 다정한 부부를 부르기도 합니다.
비익조는 암컷과 수컷의 눈과 날개가 각각 하나씩이어서 나란히 짝을 지어야만 양옆을 서로 볼 수도 있고 날아갈 수도 있다고 합니다.

確認하기 連 : 이을 연   理 : 다스릴 리(G4-15)   枝 : 가지 지   比 : 견줄 비   翼 : 날개 익   鳥 : 새 조(B3-9)

17. 문제를 풀 때에는 최대한 ( )해서 풀어야 한다.

① 日氣 ② 空間 ③ 同時 ④ 集中

18. 터무니없는 ( ) 이 머리 속을 맴돌았다.

① 香氣 ② 空想 ③ 時代 ④ 中間

🖐 다음 보기 에서 알맞은 한자어를 찾아 쓰세요.

보기

山間   日時   詩集   集計

19.

산 [ ] 간 [ ]

20.

일 [ ] 시 [ ]

평가 결과 및 향후 지도	
점수	
16~20문항	잘했어요. G2집 6호로 진행하세요.
11~15문항	부족해요. 틀린 문제의 한자를 다시 학습한 후 G2집 6호로 진행하세요.
10문항 이하	많이 부족해요. 이번 호를 복습한 후 다음 호로 진행하세요.

왼쪽의 한자어가 되도록 바르게 연결하세요.

10. 공중 ·   · 空
11. 향기 ·   · 集
12. 집합 ·   · 香
          · 合
          · 氣
          · 中

다음 보기 에서 알맞은 한자어를 찾아 쓰세요.

보기: 人間 空間 中間 日氣

13. 두 사물이나 현상의 사이. 사물이 아직 끝나지 않은 때나 상황
14. 날씨
15. 아무 것도 없이 비어 있는 칸

16. 다음 빈 칸에 알맞은 한자어를 고르세요.

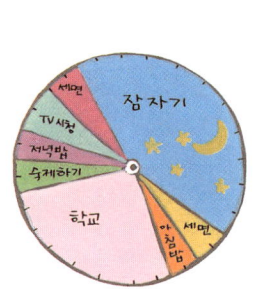 時 때 시

 間 사이 간

 空 빌 공

 氣 기운 기

 集 모일 집

時 間 空 氣 集

때 시 사이 간 빌 공 기운 기 모일 집

間	時
氣	空
時間空氣集	集

G단계 5호 해답

65a 1. 밤 야, 볕 경, 공 공, 사람 자

2.
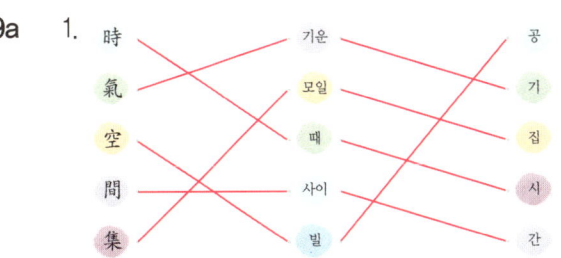
夜 — 夕 부수 - 총 8획
成 — 戈 부수 - 총 7획
功 — 尸 부수 - 총 9획 (이 연결은 교차)
者 — 力 부수 - 총 5획 (이 연결은 교차)

65b 3. 功臣, 成長, 風景, 富者
4. 부족, 인력, 외국, 성장

66a 동시, 인간
66b 공중, 공기
67a 문집
68a 日, 때, 시
68b 때, 시, 日, 10획
69a 門, 日, 사이, 간
69b 사이, 간, 門, 12획
71a 工, 빌, 공
71b 빌, 공, 穴, 8획
72a 기운, 기
72b 기운, 기, 气, 10획
73a 木, 모일, 집
73b 모일, 집, 隹, 12획
74a 운집, 시간, 기색
74b 부자, 공간
75a 1. 時, 일시   2. 時, 시대   3. 時, 時, 時
75b 1. 間, 인간   2. 間, 산간   3. 間, 間, 間
76a 1. 空, 공중   2. 空, 공간   3. 空, 空, 空
76b 1. 氣, 공기   2. 氣, 향기   3. 氣, 氣, 氣
77a 1. 集, 문집   2. 集, 집중   3. 集, 集, 集

77b 1. 時間   2. 인기   3. 空間   4. 진행
78a 1. 일시   2. 인간   3. 공중   4. 향기   5. 문집
78b 1. 時   2. 間   3. 空   4. 氣   5. 集
79a 1. 時 — 시 / 氣 — 기운 / 空 — 공 / 間 — 사이 / 集 — 모일 (등 연결선)

2. 時, 集, 空, 間

79b 3. 氣, 間, 空, 時, 集
4. 人間, 空中, 文集, 日氣, 同時

형성평가

1. ②   2. ③   3. 空, 빌 공
4. 集   5. 인간   6. 공책
7. 間   8. 氣   9. 集

10. 공중 — 空
11. 향기 — 香
12. 집합 — 集
(合, 氣, 中 포함 교차 연결)

13. 中間
14. 日氣
15. 空間
16. ②
17. ④
18. ②
19. 山間
20. 日時

펴낸이 : 정지향
펴낸곳 : (주)기탄교육
기획·편집·디자인 : 기탄교육연구소
주소 : 06698 서울특별시 서초구 효령로 42 기탄출판문화센터
등록 : 제22-1740호
전화 : (02) 586-1007
팩스 : (02) 586-2337

※서점에 갈 시간이 없거나 구하기 어려운 분은 인터넷 또는 전화로 신청하세요. 즉시 우송해 드립니다.
● www.gitan.co.kr

ⓒ 2005 (주)기탄교육 All rights reserved.
저작권자의 동의 없이 본 교재를 무단으로 복제하거나 전재하는 것을 금합니다.

G 단계에서 배운 한자들

時 때 시
間 사이 간
空 빌 공
氣 기운 기
集 모일 집

夜 밤 야
景 별 경
成 이룰 성
功 공 공
者 사람 자
果 열매 과
實 열매 실
夫 남편 부
婦 아내 부
美 아름다울 미
重 무거울 중
要 요긴할 요
活 살 활
動 움직일 동
得 얻을 득

받아쓰기

♥ 엄마가 한자나 한자어를 부르고 아이가 받아쓰도록 합니다.

6호

기탄교과서한자 G단계 2집 81a~96a

G2집
65a-128a

G2집
6호

81a-96a

초등 교과서 한자어를 총체 분석한 어휘력 향상 한자 학습 프로그램

공부한 날	월 일 ~ 월 일	
	교	반
이름	전화	

www.gitan.co.kr

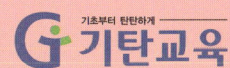

G단계 학습 한자 일람

G단계							
1집	果, 實, 夫, 婦, 美	2집	時, 間, 空, 氣, 集	3집	問, 答, 登, 場, 省	4집	物, 件, 發, 電, 書
	重, 要, 活, 動, 得		現, 在, 協, 商, 事		春, 夏, 秋, 冬, 溫		高, 低, 苦, 樂, 朝
	夜, 景, 成, 功, 者		社, 會, 技, 能, 部		貴, 愛, 病, 死, 敬		眞, 理, 學, 習, 賞
	복습		복습		복습		복습

학습 진단 관리표

	한자		한자어		이번 주는
	읽기	쓰기	읽기	쓰기	
금주평가	Ⓐ아주 잘함	Ⓐ아주 잘함	Ⓐ아주 잘함	Ⓐ아주 잘함	● 학습방법　❶ 매일매일　❷ 가끔　❸ 한꺼번에 하였습니다.
	Ⓑ잘함	Ⓑ잘함	Ⓑ잘함	Ⓑ잘함	● 학습태도　❶ 스스로 잘　❷ 시켜서 억지로 하였습니다.
	Ⓒ보통	Ⓒ보통	Ⓒ보통	Ⓒ보통	● 학습흥미　❶ 재미있게　❷ 싫증내며 하였습니다.
	Ⓓ노력해야 함	Ⓓ노력해야 함	Ⓓ노력해야 함	Ⓓ노력해야 함	● 교재내용　❶ 적합하다고　❷ 어렵다고　❸ 쉽다고 하였습니다.

지도 교사가 부모님께　　　　　　　　　　　　　　　　부모님이 지도 교사께

종합평가	Ⓐ아주 잘함	Ⓑ잘함	Ⓒ보통	Ⓓ노력해야 함

G2집
81a-96a

이번 주 학습 포인트

1일차 (81a~83b)
- 다시보기를 통하여 時, 間, 空, 氣, 集의 훈, 음, 형, 한자어를 복습합니다.
- 이번 주 학습 한자인 現, 在, 協, 商, 事의 용례를 문장 속에서 찾아봅니다.
- 인물 이야기 '검소했던 대부호 록펠러'를 읽고 이번 주 학습 한자를 찾아봅니다.

2일차 (84a~86b)
- 알아보기를 통하여 現, 在의 3요소와 필순, 부수를 학습합니다.
- 만화로 고사성어 吳越同舟의 뜻과 쓰임을 알아보고 적절한 때 사용할 수 있습니다.

3일차 (87a~90b)
- 알아보기를 통하여 協, 商, 事의 3요소와 필순, 부수를 학습합니다.
- 協, 商, 事의 자원 이해를 통해 상형, 형성, 회의의 원리를 이해할 수 있습니다.
- 동화 '거짓말 시합'을 읽고 학습한 한자를 이야기 속에서 활용해 학습합니다.

4일차 (91a~93b)
- 現, 在, 協, 商, 事를 다른 한자와 결합하여 한자어를 익힙니다.
- 알고 있는 한자와 결합하여 한자어를 만들어 보고 造語(조어) 원리를 깨달아 봅니다.
- 신문 기사를 읽고 기사문 속에 한자의 3요소를 적용하여 학습합니다.

5일차 (94a~96a)
- 풀어보기를 통해 학습 한자를 정리하고 읽을거리 '송도계원'을 읽고 유래를 알아봅니다.
- 형성평가를 풀이하여 한 주 학습의 성취도를 스스로 진단해 봅니다.

時 間 空 氣 集 다시 보기

1. 다음 빈 칸에 알맞은 훈음을 쓰세요.

2. 서로 관련 있는 것끼리 선으로 이으세요.

3. 다음 보기 에서 알맞은 한자어를 찾아 쓰세요.

보기: 日時　　　空冊　　　集中　　　山間

- 날짜와 시간 …… 日時
- 산과 산 사이 …… 山間
- 글씨를 쓸 수 있게 백지로 매어 놓은 책 …… 空冊
- 한 곳을 중심으로 하여 모이거나 모음 …… 集中

4. 다음 보기 에서 알맞은 음을 찾아 쓰세요.

보기: 시대　　　공간　　　시간　　　인간

농업의 형태도 **時代**[시대]에 따라 많은 변화를 가져왔다. 자연의 위력 앞에서는 **人間**[인간]의 힘이 한없이 나약하게 느껴질 때도 있지만, 발달된 기술로 인하여 점점 **時間**[시간]과 **空間**[공간]의 제약에서 벗어난 농업 기술이 발달하고 있다.

現, 在가 쓰인 문장을 읽고 빈 칸에 한자어의 음을 쓰세요.

친구에게 고마운 생각이 있다면 마음속에 담아 두지 말고 **表現(표현)**해 보세요.

김모 씨는 이런 저런 사업에 의욕적으로 뛰어들었지만 번번이 실패하고 말았다. 하지만 좌절하지 않고 **現在(현재)** 포장이사를 전문으로 하는 기업을 이루었다.

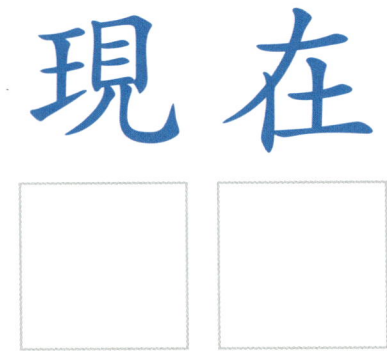

확인하기 表 : 겉 표(E3-11)

協, 商이 쓰인 문장을 읽고 빈 칸에 한자어의 음을 쓰세요.

짝 축구를 잘하기 위해서는 무엇보다도 **協同(협동)**이 가장 중요합니다.

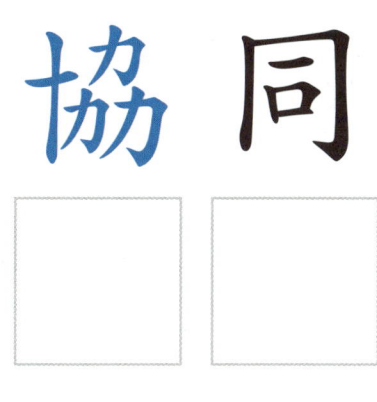

協 同

증서에 의해 이 **商人(상인)**은 무죄임이 판명되었습니다.

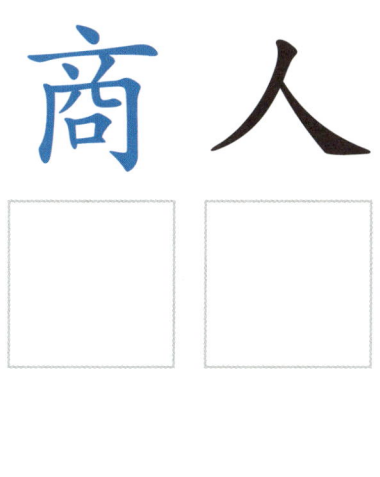

商 人

확인하기 　同 : 같을 동(E2-5)　　人 : 사람 인(A3-11)

事가 쓰인 문장을 읽고 빈 칸에 한자어의 음을 쓰세요.

"아주머니, 고맙습니다." 주위 사람들은 이렇게 **人事(인사)**를 잘하는 아이를 '예절 바른 어린이'라고 칭찬합니다.

人 事

現, 在, 協, 商, 事가 쓰인 한자어의 음을 읽어 보세요.

表現 표현   現在 현재   協同 협동

商人 상인   人事 인사

확인하기 人 : 사람 인(A3-11)   表 : 겉 표(E3-11)   同 : 같을 동(E2-5)

🌀 인물 이야기를 통해 現, 在, 協, 商, 事의 훈음을 알아보세요.

검소했던 대부호 록펠러

세계 각국의 부호들이 경제 **협상(協商)**을 벌이는 특급 호텔에 한 노인이 들어왔습니다. 노인은 장소에 걸맞지 않은 차림새로 다른 사람들의 시선을 끌었습니다.
노인은 아랑곳하지 않고 카운터로 가 말했습니다.
"이 호텔에서 가장 싼 방을 주시오."
호텔 지배인은 그 노인을 보고는 깜짝 놀랐습니다.
그는 세계적인 부자 록펠러였기 때문이었어요.
지배인은 몇 번이나 허리를 굽히며 말했습니다.
"정말 영광입니다. 선생님! 그런데 무슨 **사(事)**유로 값싼 방을 구하시려는지요?"
"싼 방이 어때서 그렇소?"
"선생님의 아드님은 언제나 우리 호텔에 묵으실 때 가장 비싼 방에 머무십니다. 그런데 아버님께서 어찌 싼 방에 머물 수 있겠습니까? 제가 제일 좋은 방으로 모시겠습니다."
그러자 록펠러는 고개를 저었습니다.
"내 아들이야 나 같은 부자 아버지가 있어서 비싼 방에 묵었는지 모르지만, 난 그런 부자 아버지가 없거든. 가장 싼 방을 주시오."

이 록펠러가 설립했던 스탠더드 석유 **상(商)**사는 **현재(現在)**는 대부분 사라졌지만 당시에는 미국 정유소의 95%를 차지할 만큼 큰 규모였습니다.

現 : 나타날 현   在 : 있을 재   協 : 도울 협   商 : 장사 상   事 : 일 사

록펠러 [John Davison Rockefeller, 1839.7.8~1937.5.23]
미국의 실업가이며 자선가로 뉴욕에서 태어났으며 클리블랜드에 정유소를 설립하여 큰 부자가 되었습니다. 이후 미국내 뿐만 아니라 해외에도 유전과 정유소를 소유한 거대한 회사로 성장하였습니다. 말년에는 재계에서 물러나 자선사업에 몰두했고 록펠러재단·일반교육재단·록펠러의학연구소 등을 설립하였습니다.

📖 現의 훈과 음을 읽어 보세요.

훈: 나타날 음: 현

📖 現이 만들어진 유래를 알아보세요.

玉 + 見 → 現

구슬 옥   나타날 현

玉(구슬 옥)과 見(나타날 현)이 합해져서 이루어진 한자입니다. 옥돌(玉)을 갈고 닦으면 좋은 빛이 나타난다(見)는 데서 나타나다, 지금이라는 뜻이 되었습니다. 見이 음부분이 되었습니다.

📖 빈 칸에 알맞게 쓰세요.

現은 [玉] (구슬 옥) 과 [見] (나타날 현) 을 합한 한자로

훈은 [　] 이고, 음은 [　] 입니다.

확인하기 玉 : 구슬 옥(A4-13)   見 : 볼/뵈올 견/현(D4-14)   • 見은 '보다'를 뜻할 때는 '견'으로 소리나고 '뵙다, 나타나다'를 뜻할 때는 '현'으로 소리납니다.

🔎 現의 부수와 총획수를 알아보고 빈 칸에 알맞게 쓰세요.

現
나타날 현

부수 - 玉   총획 - 11획

▶ 玉은 '구슬 옥' 입니다.
▶ 玉이 부수로 쓰이면 王으로 모양이 바뀝니다.

· 現의 **훈**은 ☐ 이고, **음**은 ☐ 입니다.

· 現의 **부수**는 ☐ 이고, **총획**은 ☐ 입니다.

✏️ 現의 필순을 알아보고 알맞게 쓰세요.

一 二 T 王 王ʼ 玎 玑 玔 珇 現 現

現 現 現 現

现 现 现 现

【확인하기】 · 现은 現의 간체자입니다. 간체자(簡體字)는 중국에서 필획이 많고 복잡한 본래의 정자체를 줄여서 간단히 만든 한자를 말합니다. 곧 중국에서는 現을 现으로 표기합니다.

📖 在의 훈과 음을 읽어 보세요.

在
훈:있을 음:재

🔍 在가 만들어진 유래를 알아보세요.

才 + 土 → 在

재주 재   흙 토

才(재주 재)와 土(흙 토)를 합한 한자입니다. 才는 땅 위로는 싹이 올라 오고 아래로는 뿌리를 내리고 있는 모습이며, 여기에 흙을 뜻하는 土를 덧붙여 물체가 있다, 존재하다라는 뜻을 나타내게 된 한자입니다.

✏️ 빈 칸에 알맞게 쓰세요.

在는 ☐(재주 재) 와 ☐(흙 토)를 합한 한자로

훈은 ☐ 이고, 음은 ☐ 입니다.

확인하기 才 : 재주 재(C1-1)   土 : 흙 토(A1-3)   • 在는 형성자로서 才가 뜻과 음으로 작용하고 土는 뜻으로 작용한 한자입니다.

🌙 在의 부수와 총획수를 알아보고 빈 칸에 알맞게 쓰세요.

在
있을 재

부수 - 土   총획 - 6획

▶土는 '흙 토' 입니다.

· 在의 **훈**은 [　　] 이고, **음**은 [　　] 입니다.

· 在의 **부수**는 [　　] 이고, **총획**은 [　　] 입니다.

✏ 在의 필순을 알아보고 알맞게 쓰세요.

一 ナ 才 た 存 在

在　在　在　在

吳越同舟 오월동주

吳: 나라 **오** **越**: 나라이름 **월** **同**: 같을 **동** **舟**: 배 **주**

서로 적의를 품은 사람끼리 한자리나 같은 처지에 있게 된 경우, 또는 서로 미워하면서도 공통의 문제나 이해에 대하여서는 협력한다는 뜻을 나타냅니다. 원수 사이인 오나라와 월나라 군사가 같은 배를 타게 되었을 때, 죽음에 맞닥뜨리면 서로 원수지간임을 잊고 살기 위해 협력한다는 고사에서 유래되어진 성어입니다.

협의 훈과 음을 읽어 보세요.

훈 : 도울   음 : 협

協이 만들어진 유래를 알아보세요.

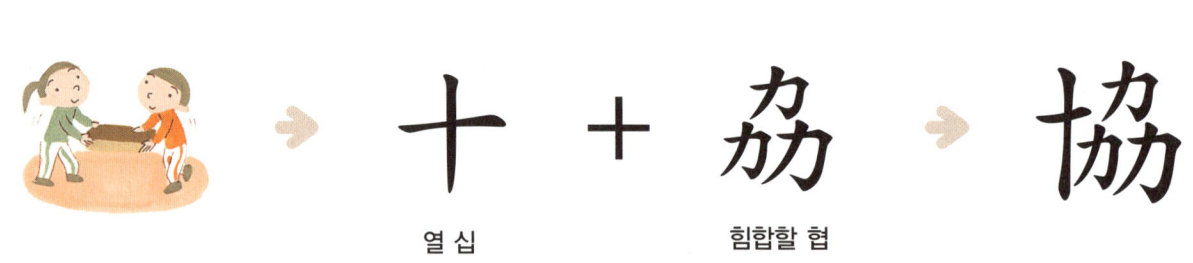

十(열 십)과 劦(힘합할 협)을 합한 한자입니다. 밭을 가는 가래의 모양을 나타내는 力에, 많은 것을 나타내는 十이 더해졌습니다. 밭을 갈 가래가 많기 때문에 힘을 합치다, 돕다라는 뜻을 나타내게 된 한자입니다.

빈 칸에 알맞게 쓰세요.

協은 ☐ (열 십) 과 劦 (힘합할 협) 을 합한 한자로

훈은 ☐ 이고, 음은 ☐ 입니다.

확인하기 十 : 열 십(A3-9)   劦 : 힘합할 협   • 劦은 밭을 가는 가래(力)가 많기 때문에 서로 힘을 합치다라는 뜻을 나타냅니다.
• 力은 근육 힘줄의 모양을 본떠 만들었다는 견해도 있습니다.

🔍 協의 부수와 총획수를 알아보고 빈 칸에 알맞게 쓰세요.

협
도울 협

부수 - 十   총획 - 8획

▶ 十은 '열 십' 입니다.

· 協의 **훈**은 [　　] 이고, **음**은 [　　] 입니다.

· 協의 **부수**는 [　　] 이고, **총획**은 [　　] 입니다.

✏️ 協의 필순을 알아보고 알맞게 쓰세요.

一 十 十 扩 护 协 協 協

協 協 協 協

协 协 协 协

확인하기 · 协은 協의 간체자입니다. 간체자(簡體字)는 중국에서 필획이 많고 복잡한 본래의 정자체를 줄여서 간단히 만든 한자를 말합니다. 곧 중국에서는 協을 协으로 표기합니다.

📖 商의 훈과 음을 읽어 보세요.

훈: 장사   음: 상

🌀 商이 만들어진 유래를 알아보세요.

고대 중국의 상(商)나라 사람들이 세운 사당(祠堂)의 모양을 본뜬 한자입니다. 상나라 사람들이 주로 행상을 업으로 삼았으므로 헤아리다, 장사하다라는 뜻을 나타내게 된 한자입니다.

✍ 빈 칸에 알맞게 쓰세요.

商은 고대 중국의 상(商)나라 사람들이 세운 사당(祠堂)의 모양을 본뜬 한자로

훈은 ☐ 이고, 음은 ☐ 입니다.

🔍 商의 부수와 총획수를 알아보고 빈 칸에 알맞게 쓰세요.

商
장사 상

부수 - 口   총획 - 11획

▶ 口는 '입 구' 입니다.

· 商의 **훈**은 [ ] 이고, **음**은 [ ] 입니다.
· 商의 **부수**는 [ ] 이고, **총획**은 [ ] 입니다.

✏️ 商의 필순을 알아보고 알맞게 쓰세요.

丶 一 亠 亣 产 产 产 商 商 商 商

商   商   商   商

📖 事의 훈과 음을 읽어 보세요.

훈:일 음:사

● 事가 만들어진 유래를 알아보세요.

장식 달린 붓을 손에 들고 있는 모습을 본떠 만든 한자입니다. 붓을 잡고 기록하는 일을 맡고 있다는 데서 일, 일삼다라는 뜻을 나타내게 되었습니다.

● 빈 칸에 알맞게 쓰세요.

事는 장식 달린 붓을 손에 들고 있는 모습을 본뜬 한자로

훈은 ☐ 이고, 음은 ☐ 입니다.

확인하기 • 事는 붓의 모양을 본뜬 聿(붓 율)에 장식이 달린 모양을 나타낸 한자입니다.

事의 부수와 총획수를 알아보고 빈 칸에 알맞게 쓰세요.

事
일 사

부수 - 亅　　총획 - 8획

▶ 亅은 '갈고리 궐' 입니다.

· 事의 **훈**은 [　　] 이고, **음**은 [　　] 입니다.

· 事의 **부수**는 [　　] 이고, **총획**은 [　　] 입니다.

事의 필순을 알아보고 알맞게 쓰세요.

一 丆 丆 亘 写 写 写 事

事　事　事　事

거짓말 시합 2

이렇게 거짓말이란 말을 한 번 내뱉은 영감님은 정신을 바짝 차렸습니다.
총각은 다시 이야기를 시작했지요.

"現在 ☐☐ 는 우리가 이렇게 他人 ☐☐ 으로 살고 있지만

사실, 이 댁 祖父 ☐☐ 님과 저희 증조 할아버지는

친구 사이셨습니다. 그 때 이 댁 조부님이 말씀하시기를

'자네와 내가 형제처럼 지내니 나중에 우리 자손들도

協心 ☐☐ 하여 친구처럼 지내야 하네.' 라고

하셨답니다. 그러니까 영감님과 저도 친구죠?"

보기 협심   현재   타인   조부   상인

"에이, 고얀 놈! 그런 거짓말이!"

역시나 이번에도 영감님이 고함을 지르고 말았습니다. 총각은 다시 말을 이었습니다.

"제가 사는 뒷산에 커다란 대추나무가 있습니다. 대추를 주워 담으니 세 광주리가 됐습죠.

시장에서 商人 ☐☐ 한테 물어 보니 한 광주리에 천 냥이나 한다더군요.

그런데 그 때 영감님께서 그 대추를 외상으로 사 가지 않으셨어요? 오늘 갚아 주신다면서요.

그러니 대추 값 삼천 냥을 주십시오." 영감님은 기가 막혔어요.

"이놈! 거짓말 마라! 내가 언제 대추를 샀다고!"

"하하하! 거짓말 세 번! 제가 이겼죠?"

그리하여 그 총각은 천 냥을 받아들고 콧노래를 부르며 시골로 내려갔습니다.

心 : 마음 심(B1-3) 他 : 다를 타(F2-5) 人 : 사람 인(A3-11) 祖 : 할아버지 조(E4-14) 父 : 아버지 부(B1-2)

現으로 漢字語 만들기

빈 칸에 알맞게 쓰고 現으로 이루어지는 한자어를 알아보세요.

1. 表 (겉 표) + ☐ (나타날 현) → 表現 (드러내어 나타냄)

어떻게 글을 써야 나의 마음을 잘 **表現**(   )할 수 있을까? 그래, 솔직하고 편안한 마음으로 쓰면 될 거야!

2. ☐ (나타날 현) + 金 (쇠 금/성 김) → 現金 (현재 가지고 있는 돈. 통용되는 화폐와 은행이 발행한 수표 및 우편환 증서 따위를 통틀어 이르는 말)

여행 준비물은 다음과 같았다. 도시락, 편안한 복장, 약간의 **現金**(   )과 음료수 등.

3.
- 現 — 地 → ☐地 (현 지) 어떤 일이 벌어진 바로 그 곳
- 出 — 現 → 出☐ (출 현) 나타남
- 再 — 現 → 再☐ (재 현) 다시 나타남

확인하기 表 : 겉 표(E3-11)　金 : 쇠/성 금/김(A1-3)　地 : 땅 지(C3-9)　出 : 날 출(C2-5)　再 : 거듭 재(E4-15)

在로 漢字語 만들기

🔖 빈 칸에 알맞게 쓰고 在로 이루어지는 한자어를 알아보세요.

1.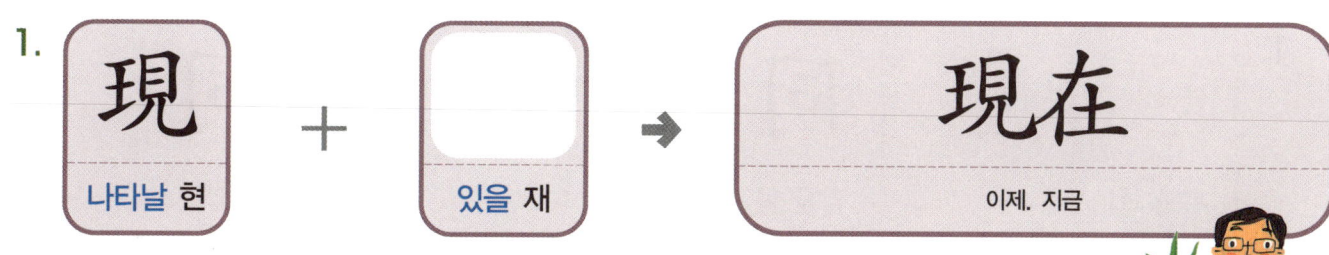

現在( ) 그 화훼 단지에서는 중국 시장 판매를 목표로 모종을 파종해 놓았고, 앞으로는 다양한 일본난을 배양하여 수출할 계획이다.

2.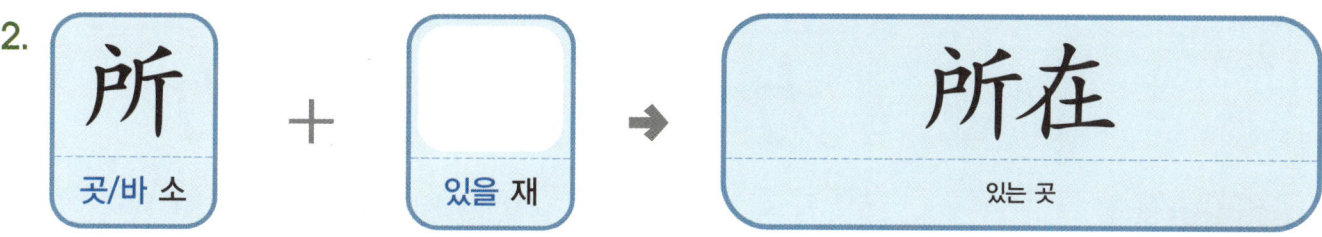

직지가 금속 활자로 인쇄되어 있기 때문에 여러 권으로 인쇄되었을 것으로 추정됩니다. 직지를 가지고 있거나 所在( )를 알고 있는 분은 청주 고인쇄 박물관으로 연락해 주세요.

3.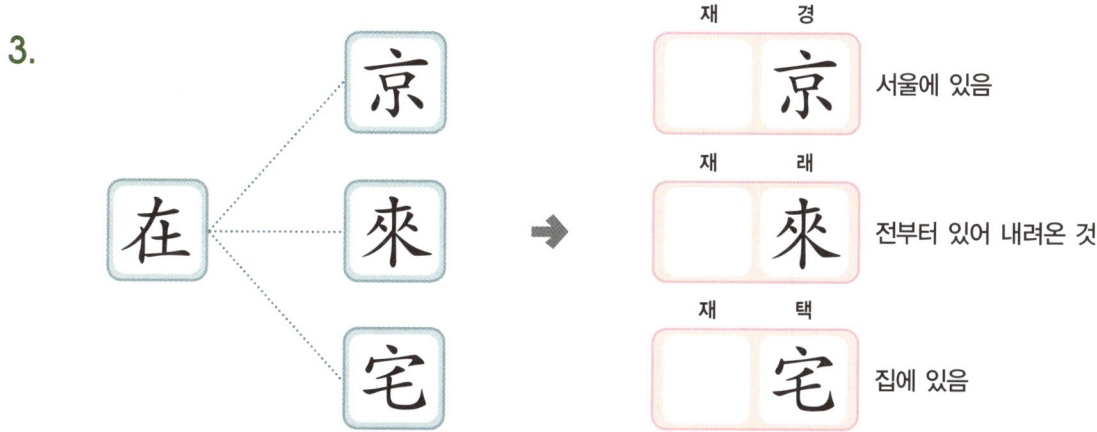

확인하기 所 : 곳/바 소(D1-2)   京 : 서울 경(E1-1)   來 : 올 래(C2-6)   宅 : 집 택(F1-2)

빈 칸에 알맞게 쓰고 協으로 이루어지는 한자어를 알아보세요.

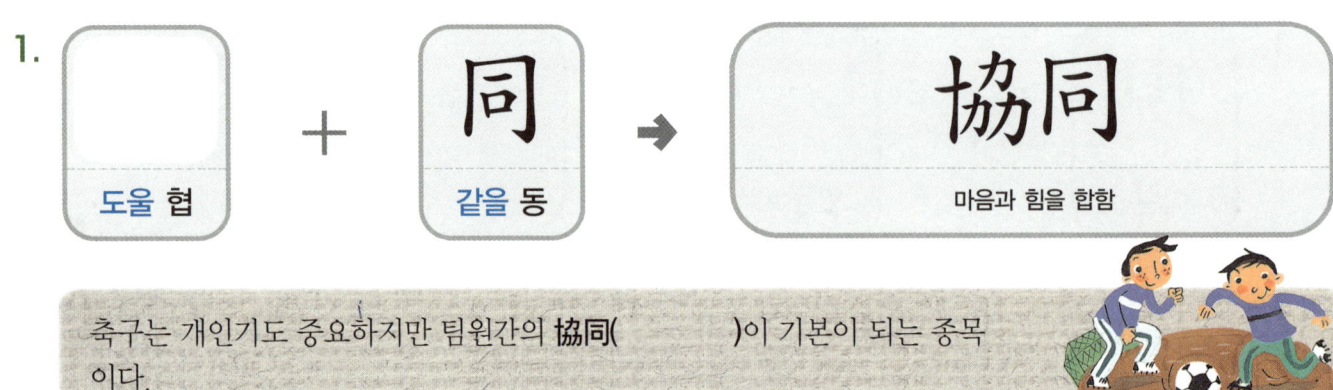

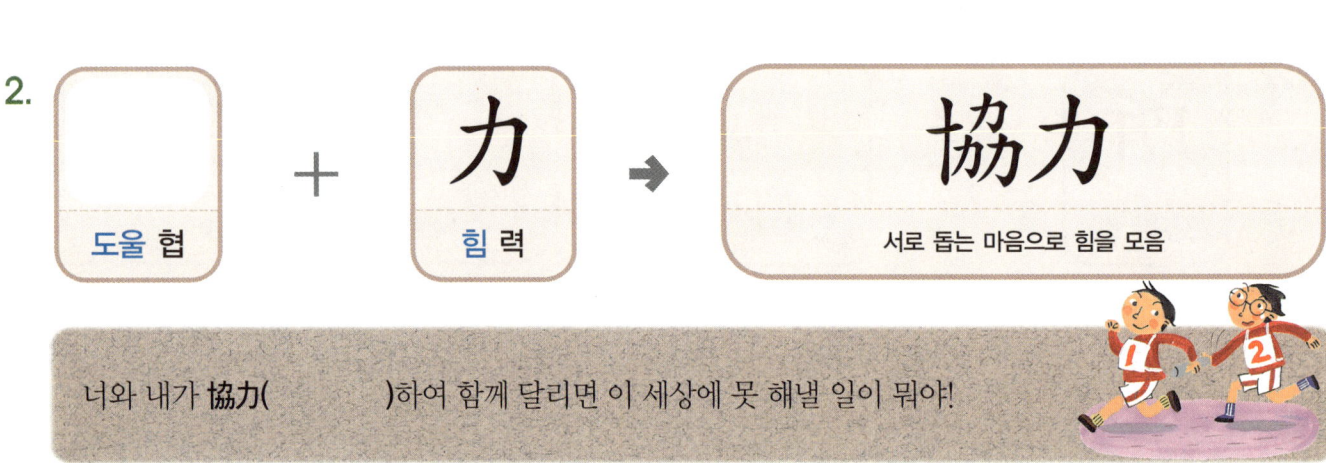

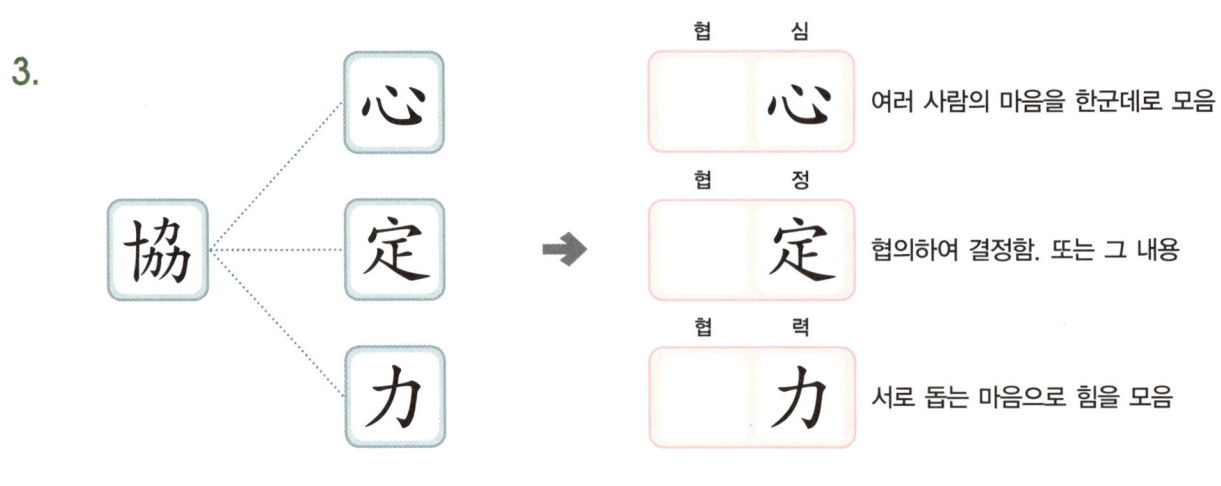

확인하기) 同 : 같을 동(E2-5)   力 : 힘 력(A4-14)   心 : 마음 심(B1-3)   定 : 정할 정(F2-6)

빈 칸에 알맞게 쓰고 商으로 이루어지는 한자어를 알아보세요.

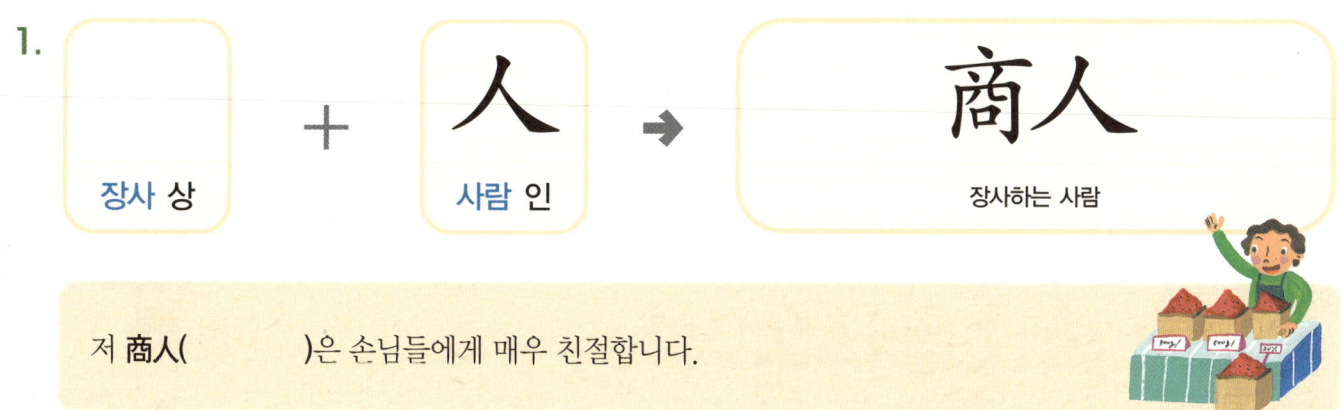

저 商人( )은 손님들에게 매우 친절합니다.

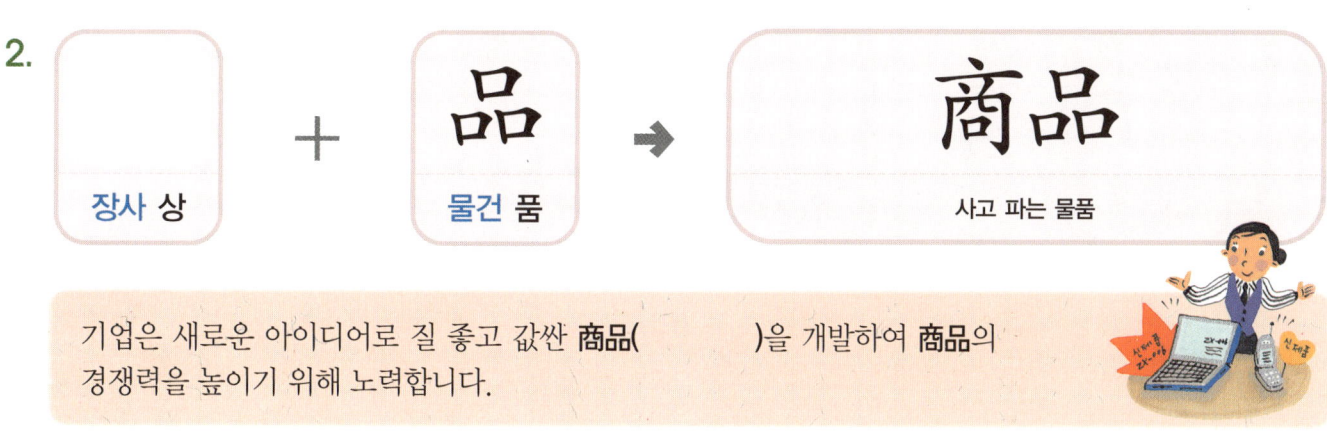

기업은 새로운 아이디어로 질 좋고 값싼 商品( )을 개발하여 商品의 경쟁력을 높이기 위해 노력합니다.

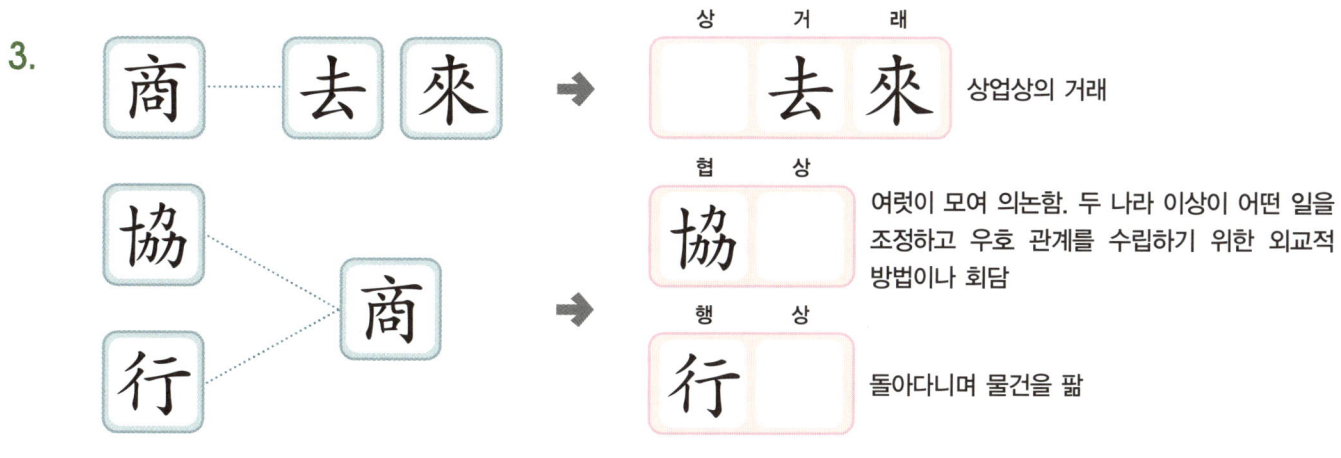

확인하기 人 : 사람 인(A3-11)   品 : 물건 품(E1-1)   去 : 갈 거(C2-6)   來 : 올 래(C2-6)   行 : 다닐/항렬 행/항(C2-7)

事로 漢字語 만들기

📖 빈 칸에 알맞게 쓰고 事로 이루어지는 한자어를 알아보세요.

1. 人(사람 인) + 〔 일 사 〕 → 人事 : 안부를 묻거나 공경하는 뜻을 나타낼 때 하는 예

항상 친구들과 밝은 얼굴로 人事(　　　)합시다.

2. 行(다닐 행/항렬 항) + 〔 일 사 〕 → 行事 : 일을 거행함

시민의 날을 기념하는 行事(　　　)가 열렸다.

3. 工, 記, 食 + 事 →

- 工[공사] : 토목이나 건축 등에 관한 일
- 記[기사] : 신문이나 잡지 등에 어떤 사실을 실어 알리는 글
- 食[식사] : 사람이 끼니로 음식을 먹는 일. 또는 그 음식

〔확인하기〕 人 : 사람 인(A3-11)　　行 : 다닐/항렬 행/항(C2-7)　　工 : 장인 공(B2-6)　　記 : 기록할 기(F4-13)　　食 : 먹을 식(C3-11)

新聞으로 배우는 漢字

🔖 신문 기사를 읽고 물음에 답하세요.

나도 新聞을 읽을 수 있어요!   제6호

폴크스바겐 노·사 대협상

'임금인상 없는 노동시간 연장' 문제가 유럽 노사관계의 새로운 화두로 부상하고 있는 가운데, 5일(현지시간)부터 시작되는 폴크스바겐사의 노사 ㉠協商에 독일은 물론 전유럽 노동계의 촉각이 쏠리고 있다. 영국 파이낸셜타임스는 5일자 기사에서 폴크스바겐 노사가 만일 고용보장을 대가로 임금 고정 또는 삭감, 노동 ㉡時間 연장 등에 합의할 경우, 유럽 노동계에 내칠 파장이 엄청날 것으로 예상했다. 지멘스와 다임러 크라이슬러가 이미 유사한 내용의 노사협상 타결에 성공한 적이 있지만, 영향력 면에서는 폴크스바겐과 비교할 바가 아니란 것이다.

지난 6월 지멘스는 향후 2년간 근로자 2000여명의 고용을 보장하는 대신 무임금 노동시간 연장에 합의했다. 그러나 이는 지멘스산하 전화기 제조사업장 두 곳에만 해당되는 것이다.

다임러크라이슬러 노사 역시 독일남부 쉰델피겔에 있는 생산공장 한곳의 노동자 6000명의 고용을 보장하는 ㉢대신 추가수당 없는 노동시간 연장에 합의했다. 이에 비해, 폴크스바겐 노사협상은 독일 서부지역에 있는 전사업장을 대상으로 하고 있다.

최근 심각한 경영압박에 시달려온 폴크스바겐 사측은 오는 2011년까지 고용비용을 30%정도 줄이기 위해, 이번 협상에서 추가수당 없는 노동시간 연장안을 밀어붙일 계획이다. 사측이 원하는 연장 노동시간의 규모는 아직 공개되지 않았지만, 고용비용을 현수준에서 30% 정도 줄이면 약 20억 유로의 비용절감효과를 얻을 수 있는 것으로 알려지고 있다. 대신 약 10만 3000명의 고용을 보장하겠다는 것이 사측의 협상카드다.

[문화일보] 2004-10-05

---

1. ㉠의 음을 쓰세요.

2. ㉡의 음을 쓰세요.

3. ㉢을 한자로 바르게 쓴 것을 고르세요.
   ① 代身   ② 大身   ③ 代信   ④ 大信

漢字語 다지기

現在協商事

빈 칸에 알맞은 음을 쓰고 필순에 맞게 한자를 쓰세요.

한자어	음	필순 연습
表現	1. 표현	現 一二千王尹玥玥玥玥現現
現在	2.	在 一ナ才才存在
協同	3.	協 一十十十抃抃協協
商人	4.	商 丶亠ㅗ产产产商商商商
人事	5.	事 一一一一一一事事

• 現은 一二千王尹玥玥玥玥現現 의 순서로 쓰기도 합니다.

빈 칸에 공통적으로 들어갈 한자를 쓰세요.

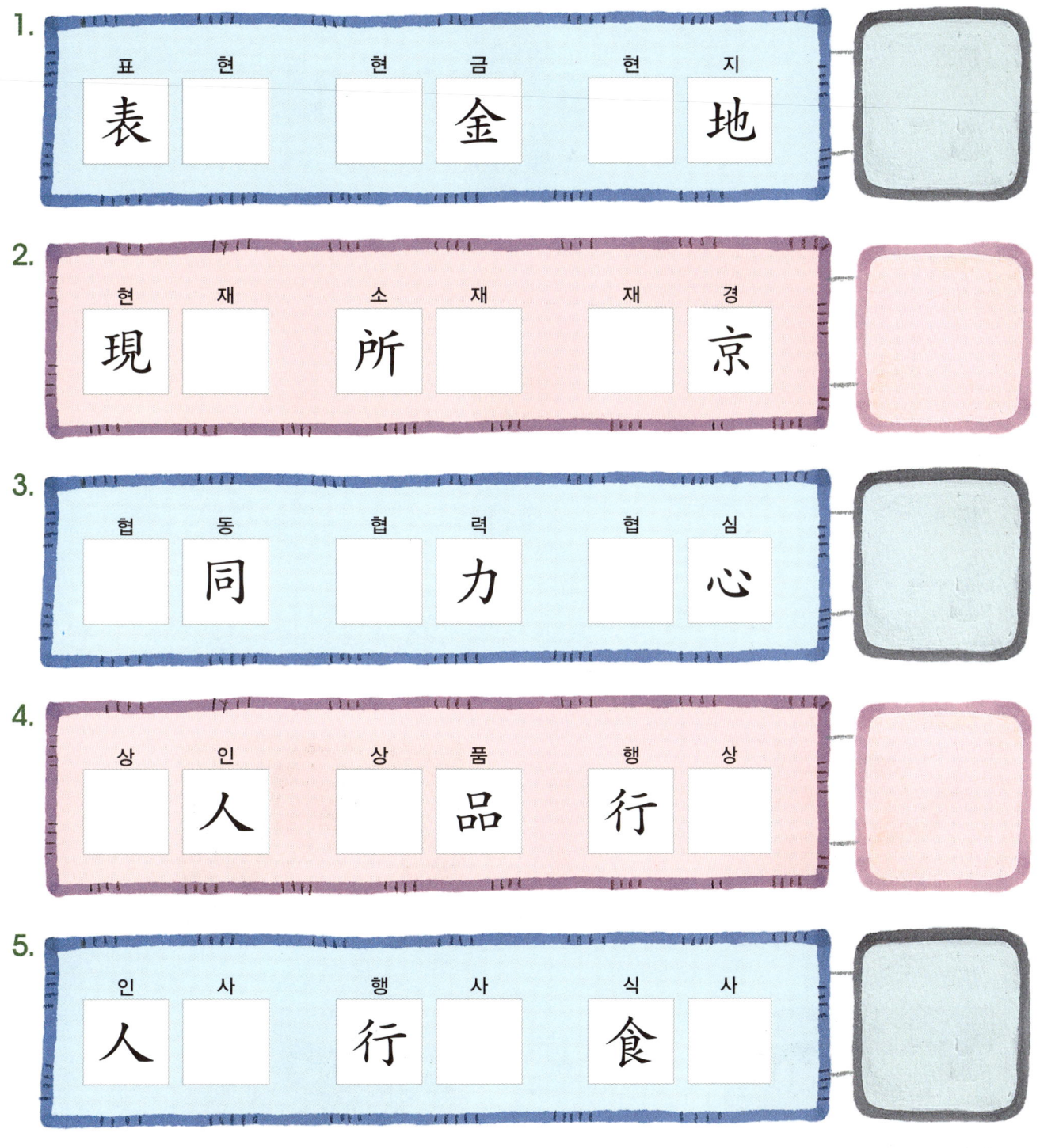

풀어보기

1. 서로 관련 있는 것끼리 선으로 이으세요.

現	있을	상
在	도울	현
協	나타날	재
商	일	협
事	장사	사

2. 빈 칸에 알맞은 한자를 쓰세요.

3. 다음 빈 칸에 공통적으로 들어갈 한자를 쓰세요.

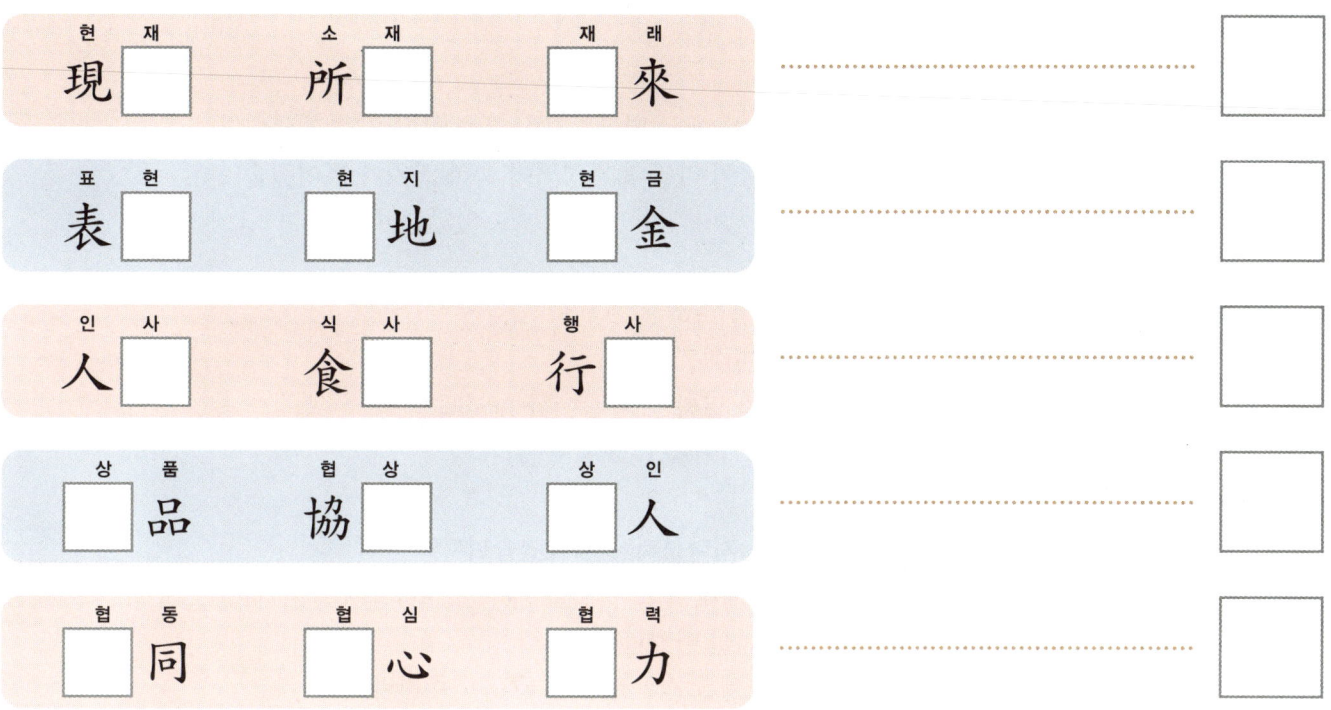

4. 다음 보기 에서 알맞은 한자어를 찾아 쓰세요.

보기: 現金　　現在　　協力　　商人　　行事

• 지금 지구촌에서는 올림픽이라는 큰 ☐행☐사 가 열리고 있습니다.

• 요즘은 물건을 살 때 ☐현☐금 보다는 신용카드를 사용하는 사람들이 많습니다.

• 셰익스피어는 베니스의 ☐상☐인 이라는 희곡을 썼습니다.

• 시간적 배경으로는 ☐현☐재, 과거, 미래가 있습니다.

• 줄다리기는 모두가 ☐협☐력 해야 하는 운동 경기입니다.

송도계원

조선 시대, 한명회가 송도(개성의 옛이름)에서 별궁지기 노릇을 하고 있을 때였습니다.
그러던 어느 날, 공을 들여 지은 경복궁이 마침내 완성되어 축하 잔치가 벌어졌습니다.
지체 높은 양반들은 따로 한쪽에 모여 앉아 이야기를 나누고 있었습니다.
"자, 한 잔씩 마시세!"
모두들 술잔을 높이 들어 경복궁 완성을 축하했습니다.
"우리 이 참에 계를 하나 만드는 게 어떤가?"
"계? 그거 좋은 생각이구만. 일 년에 한 번씩 모여 술이나 마시세."
한쪽 구석에 앉아 있던 한명회가 이 이야기를 듣고 말했습니다.
"나도 그 계에 끼워 주구려."
사람들은 이게 누군가? 하는 눈초리로 쳐다보더니 대답했습니다.
"자네가 우리와 함께 계를 하겠다고? 예끼! 오르지 못할 나무는 쳐다보지도 말게!"
한명회는 무안한 나머지 슬그머니 잔치를 빠져나왔습니다.
'그래, 출세를 하자. 높은 벼슬에 올라서 오늘의 설움을 되갚아 주리라!'

얼마 뒤 한명회는 임금의 사랑을 한몸에 받는 신하가 되었습니다.
그러자 옛날 경복궁 잔치 때 한명회를 놀렸던 사람들은 이게 웬일이냐! 싶어 뜨끔했습니다.
"이렇게 될 줄 알았으면 그 때 우리 계에 끼워 주는 건데……."
자신의 신분과 권력만 믿고 잘난 체하다가 큰코 다친 것입니다.
이에서 유래하여 조그만 지위나 세력을 믿고 남을 멸시하는 사람을
'송도계원(松都契員)' 이라 부르게 되었습니다.

松 : 소나무 송   都 : 도읍 도   契 : 맺을 계   員 : 인원 원

17. 이제 작별 ▢▢ 를 해야할 때입니다.
① 現地 ② 協力 ③ 所在 ④ 在來

18. 가게에 많은 ▢▢ 이 진열되어 있습니다.
① 商品 ② 行商 ③ 現地 ④ 人事

◎ 다음 보기 에서 알맞은 한자어를 찾아 쓰세요.

보기: 協力 表現 商人 工事

19. 협 력

20. 공 사

정답 수	평가 결과 및 향후 진도
16~20문항	잘했어요. G2집 7호로 진행하세요.
11~15문항	부족해요. 틀린 문제의 한자를 다시 학습한 후 G2집 7호로 진행하세요.
10문항 이하	많이 부족해요. 이번 호를 복습한 후 다음 호로 진행하세요.

왼쪽의 한자어가 되도록 바르게 연결하세요.

10. 협정 · · 在定
11. 기사 · · 事
12. 소재 · · 記
       · 協
       · 所

다음 보기 에서 알맞은 한자어를 찾아 쓰세요.

보기
商品   出現   現在   協力

13. 서로 돕는 마음으로 힘을 모음
14. 사고 파는 물품
15. 이제. 지금

다음 빈 칸에 알맞은 한자어를 고르세요.

16.

 現 나타날 현

 在 있을 재

 協 도울 협

 商 장사 상

 事 일 사

現 在 協 商 事

나타날 현 있을 재 도울 협 장사 상 일 사

在

現

商

協

現在協商事

事

G단계 6호 해답

81a 1. 때 시, 사이 간, 빌 공, 기운 기

2. 時 — 日 부수 - 총 10획
   間 — 門 부수 - 총 12획
   集 — 气 부수 - 총 10획
   氣 — 隹 부수 - 총 12획

81b 3. 日時, 山間, 空册, 集中
4. 시대, 인간, 시간, 공간

82a 표현, 현재

82b 협동, 상인

83a 인사

84a 나타날, 현

84b 나타날, 현, 玉, 11획

85a 才, 土, 있을, 재

85b 있을, 재, 土, 6획

87a 十, 도울, 협

87b 도울, 협, 十, 8획

88a 장사, 상

88b 장사, 상, 口, 11획

89a 일, 사

89b 일, 사, 亅, 8획

90a 현재, 타인, 조부, 협심

90b 상인

91a 1. 現, 표현   2. 現, 현금   3. 現, 現, 現

91b 1. 在, 현재   2. 在, 소재   3. 在, 在, 在

92a 1. 協, 협동   2. 協, 협력   3. 協, 協, 協

92b 1. 商, 상인   2. 商, 상품   3. 商, 商, 商

93a 1. 事, 인사   2. 事, 행사   3. 事, 事, 事

93b 1. 협상   2. 시간   3. ①

94a 1. 표현   2. 현재   3. 협동   4. 상인   5. 인사

94b 1. 現   2. 在   3. 協   4. 商   5. 事

95a 1. 現-나타날-현, 在-있을-재, 協-도울-협, 商-장사-상, 事-일-사

2. 商, 協, 事, 現

95b 3. 在, 現, 事, 商, 協
4. 行事, 現金, 商人, 現在, 協力

형성평가

1. ①   2. ③   3. 協, 도울 협
4. 現   5. 협동   6. 인사
7. 協   8. 商   9. 現
10. 협정 — 協定
11. 기사 — 記事
12. 소재 — 所在
13. 協力
14. 商品
15. 現在
16. ②
17. ④
18. ①
19. 協力
20. 工事

펴낸이 : 정지향
펴낸곳 : (주)기탄교육
기획·편집·디자인 : 기탄교육연구소
주소 : 06698 서울특별시 서초구 효령로 42 기탄출판문화센터
등록 : 제22-1740호
전화 : (02)586-1007
팩스 : (02)586-2337

※서점에 갈 시간이 없거나 구하기 어려운 분은 인터넷 또는 전화로 신청하세요. 즉시 우송해 드립니다.
● www.gitan.co.kr

ⓒ 2005 (주)기탄교육 All rights reserved.
저작권자의 동의 없이 본 교재를 무단으로 복제하거나 전재하는 것을 금합니다.

G 단계에서 배운 한자들

| 現 나타날 현 | 在 있을 재 | 協 도울 협 | 商 장사 상 | 事 일 사 |

| 夜 밤 야 | 景 볕 경 | 成 이룰 성 | 功 공 공 | 者 사람 자 | 時 때 시 | 間 사이 간 | 空 빌 공 | 氣 기운 기 | 集 모일 집 |
| 果 열매 과 | 實 열매 실 | 夫 남편 부 | 婦 아내 부 | 美 아름다울 미 | 重 무거울 중 | 要 요긴할 요 | 活 살 활 | 動 움직일 동 | 得 얻을 득 |

♥ 엄마가 한자나 한자어를 부르고 아이가 받아쓰도록 합니다.

7호

기탄교과서한자 G단계 2집 97a~112a

G2집
65a-128a

G2집
7호
97a-112a

초등 교과서 한자어를 총체 분석한 어휘력 향상 한자 학습 프로그램

기탄 교과서 한자

공부한 날	월 일 ~ 월 일
	교 반
이름	전화

www.gitan.co.kr

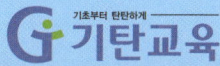
기초부터 탄탄하게
기탄교육

G단계 학습 한자 일람

	G단계						
1집	果, 實, 夫, 婦, 美	2집	時, 間, 空, 氣, 集	3집	問, 答, 登, 場, 省	4집	物, 件, 發, 電, 書
	重, 要, 活, 動, 得		現, 在, 協, 商, 事		春, 夏, 秋, 冬, 溫		高, 低, 苦, 樂, 朝
	夜, 景, 成, 功, 者		社, 會, 技, 能, 部		貴, 愛, 病, 死, 敬		眞, 理, 學, 習, 賞
	복습		복습		복습		복습

학습 진단 관리표

	한자		한자어		이번 주는
	읽기	쓰기	읽기	쓰기	
금주평가	Ⓐ 아주 잘함	Ⓐ 아주 잘함	Ⓐ 아주 잘함	Ⓐ 아주 잘함	● 학습방법 ❶ 매일매일 ❷ 가끔 ❸ 한꺼번에 하였습니다.
	Ⓑ 잘함	Ⓑ 잘함	Ⓑ 잘함	Ⓑ 잘함	● 학습태도 ❶ 스스로 잘 ❷ 시켜서 억지로 하였습니다.
	Ⓒ 보통	Ⓒ 보통	Ⓒ 보통	Ⓒ 보통	● 학습흥미 ❶ 재미있게 ❷ 싫증내며 하였습니다.
	Ⓓ 노력해야 함	Ⓓ 노력해야 함	Ⓓ 노력해야 함	Ⓓ 노력해야 함	● 교재내용 ❶ 적합하다고 ❷ 어렵다고 ❸ 쉽다고 하였습니다.

지도 교사가 부모님께   부모님이 지도 교사께

종합평가	Ⓐ 아주 잘함	Ⓑ 잘함	Ⓒ 보통	Ⓓ 노력해야 함

G2집
97a-112a

이번 주 학습 포인트

1일차 97a~99b
- 다시보기를 통하여 現, 在, 協, 商, 事의 훈, 음, 형, 한자어를 복습합니다.
- 이번 주에 학습할 社, 會, 技, 能, 部의 용례를 문장 속에서 찾아봅니다.
- 인물 이야기 '신대륙을 발견한 콜럼버스'를 읽고 이번 주 학습 한자를 찾아봅니다.

2일차 100a~102b
- 알아보기를 통하여 社, 會의 3요소와 필순, 부수를 학습합니다.
- 자원 알아보기를 통하여 형성, 회의의 원리를 이해할 수 있습니다.
- 만화로 고사성어 羊頭狗肉의 뜻과 쓰임을 알아보고 적절한 때 사용할 수 있습니다.

3일차 103a~106b
- 알아보기를 통하여 技, 能, 部의 3요소와 필순, 부수를 학습합니다.
- 동화 '말 잘 듣는 효자'를 읽고 학습한 한자를 이야기 속에서 활용해 학습합니다.

4일차 107a~109b
- 社, 會, 技, 能, 部를 다른 한자와 결합하여 만든 한자어를 익힙니다.
- 알고 있는 한자와 결합하여 한자어를 만들어 造語(조어) 원리를 깨달을 수 있습니다.
- 신문 기사를 읽고 기사문 속에 한자의 3요소를 적용하여 학습합니다.

5일차 110a~112a
- 이번 주에 학습한 한자와 한자어를 마무리합니다.
- 풀어보기를 통해 학습 한자를 정리하고 읽을거리 '중매의 신 월하노인'을 읽어 봅니다.
- 형성평가를 풀이하여 한 주 학습의 성취도를 스스로 진단합니다.

1. 다음 빈 칸에 알맞은 훈음을 쓰세요.

2. 서로 관련 있는 것끼리 선으로 이으세요.

3. 다음 보기 에서 알맞은 한자어를 찾아 쓰세요.

| 보기 | 人事 | 商人 | 協同 | 表現 |

드러내어 나타냄 …… ☐☐

마음과 힘을 합함 …… ☐☐

장사하는 사람 …… ☐☐

안부를 묻거나 공경의 뜻을 나타낼 때 하는 예 …… ☐☐

4. 다음 보기 에서 알맞은 음을 찾아 쓰세요.

| 보기 | 협동 | 공간 | 활동 |

공격과 수비의 역할에 따라 적절한 **空間** ☐☐ 에 정확하게 공을 연결하면서 여러 가지 공 다루기 **活動** ☐☐ 을 하여 봅시다. 또, 같은 편 친구들과 **協同** ☐☐ 하면서 게임에 참여하여 봅시다.

社會 찾아보기

社, 會가 쓰인 문장을 읽고 빈 칸에 한자어의 음을 쓰세요.

자동차 부품을 만드는 ○○ 회사의 ○○○ **社長(사장)**님은 기술 연구 개발에 꾸준한 투자를 하여 성공한 경우이다.

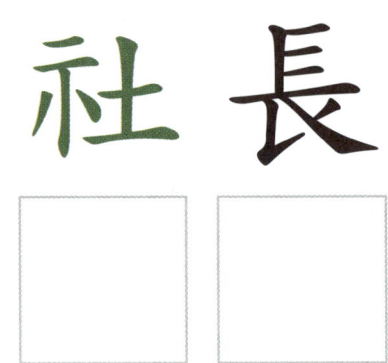

2000년 시드니 올림픽 여자 마라톤 **大會(대회)**에 참가한 선수 중에 동티모르의 아마랄 선수가 화제를 모았다.

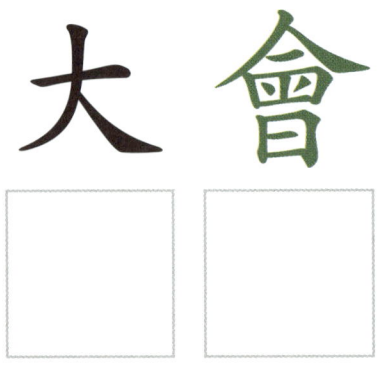

확인하기 長 : 길/어른 장(D3-11)   大 : 큰 대(A4-14)

技, 能이 쓰인 문장을 읽고 빈 칸에 한자어의 음을 쓰세요.

우리는 각자 현장 학습 때에 발표하고 싶은 **長技(장기)**를 신청했습니다.

흡연은 폐의 **技能(기능)**을 떨어뜨려 암이 발생하는 원인이 됩니다.

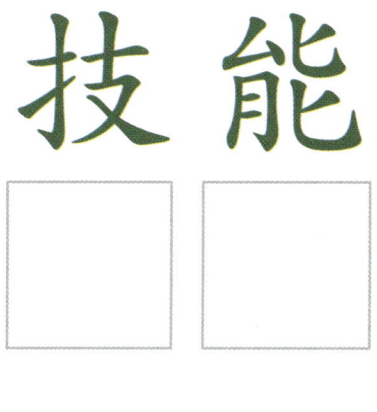

長 : 길/어른 장(D3-11)

部 찾아보기

📖 部가 쓰인 문장을 읽고 빈 칸에 한자어의 음을 쓰세요.

친구가 발표하는 내용과 내가 생각하는 내용 중 다른 **部分(부분)**은 무엇입니까?

部 分
☐ ☐

📖 社, 會, 技, 能, 部가 쓰인 한자어의 음을 읽어 보세요.

社長 사장   大會 대회   長技 장기

技能 기능   部分 부분

확인하기 分 : 나눌 분(C4-15)   大 : 큰 대(A4-14)   長 : 길/어른 장(D3-11)

🔍 인물 이야기를 통해 社, 會, 技, 能, 部의 훈음을 알아보세요.

신대륙을 발견한 콜럼버스

콜럼버스는 아메리카 대륙을 최초로 발견한 유럽의 탐험가입니다. 콜럼버스가 신대륙을 발견한 후 그의 **사회(社會)**적인 명성은 대단했습니다. 많은 사람들이 그의 용기와 탐험정신을 높이 샀습니다. 하지만 반면, 그를 질투하는 사람도 많았다고 합니다. 그러던 어느 날이었습니다. 클럽에서 식사를 하던 한 **무리(部)**가 이렇게 떠들어댔습니다.

"쳇, 신대륙을 발견한 일이 뭐 그리 대단하다고!"
"무슨 특별한 **기(技)**술이 있었던 것도 아닌데 말야."
"맞아. 그게 무슨 뛰어난 **능(能)**력이라고!"

그 말을 들은 콜럼버스는 달걀을 하나 가지고 왔습니다. 그리고는 그 달걀을 탁자 위에 세울 수 있는 사람이 있느냐고 물어 보았지요. 너도나도 앞다퉈 시도를 해 봤지만 달걀은 자꾸 넘어졌어요. 그 때 콜럼버스가 달걀 끝을 깨서 탁자 위에 세워 보였습니다.

"그렇게 하면 누군들 못 세우겠나!"

많은 사람들이 불평을 터뜨렸지요. 그러자 콜럼버스는 이렇게 말했답니다.

"물론 어려운 일이 아니네. 하지만 누구도 그 방법을 생각하지 못했지. 언제나 처음이 중요한 법이라네. 내가 신대륙을 발견한 것도 이와 다르지 않다네."

클럽 안에 있던 사람들은 아무 말도 할 수 없었습니다.

社 : 모일 **사**   會 : 모일 **회**   技 : 재주 **기**   能 : 능할 **능**   部 : 무리 **부**

콜럼버스 [Christopher Columbus, 1451~1506]
이탈리아의 탐험가이자 아메리카 대륙의 발견자입니다. 항해에 종사하여 신대륙에 대한 꿈을 키웠습니다. 1492년 처음으로 아메리카 대륙을 발견했고 이후 두 차례 더 대륙을 밟았습니다. 하지만 그는 죽을 때까지 자신이 발견한 땅이 인도라고 믿었다고 합니다.

社의 훈과 음을 읽어 보세요.

훈: 모일 음: 사

社가 만들어진 유래를 알아보세요.

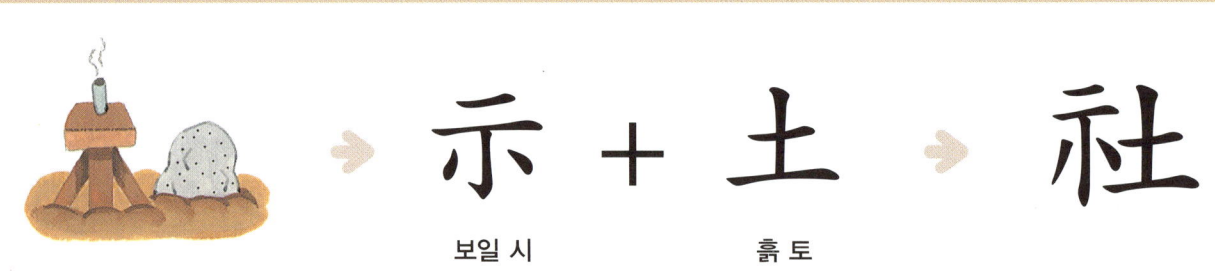

示 (보일 시) + 土 (흙 토) → 社

示(보일 시)와 土(흙 토)를 합한 한자입니다. 곡식을 관장하는 땅귀신(示)에게 제사를 지내기 위해 제단(土) 앞에 많은 사람들이 모이는 것에서 모이다, 땅귀신이라는 뜻을 나타내게 된 한자입니다.

빈 칸에 알맞게 쓰세요.

社는 [示 (보일 시)] 와 [(흙 토)] 를 합한 한자로

훈은 [ ] 이고, 음은 [ ] 입니다.

확인하기 示: 보일 시   土: 흙 토(A1-3)   • 示가 부수로 쓰인 한자는 주로 땅귀신, 또는 제사 지내다의 뜻을 나타냅니다.

社의 부수와 총획수를 알아보고 빈 칸에 알맞게 쓰세요.

社
모일 사

부수 - 示   총획 - 8획

▶示는 '보일 시' 입니다.

· 社의 훈은 [ ] 이고, 음은 [ ] 입니다.
· 社의 부수는 [ ] 이고, 총획은 [ ] 입니다.

社의 필순을 알아보고 알맞게 쓰세요.

一 二 テ 亍 示 示 社 社

社 社 社 社

📖 會의 훈과 음을 읽어 보세요.

훈: 모일   음: 회

🔍 會가 만들어진 유래를 알아보세요.

음식이 담긴 그릇의 모양을 본떠 만든 한자입니다. 윗부분은 그릇의 뚜껑을, 가운데 부분은 그릇에 담긴 음식물을, 아랫부분은 그릇 모양을 본떠 만든 한자입니다. 귀신에게 음식을 바치려면 준비한 음식과 함께 여러 사람들이 모인다는 데서 모임, 모이다라는 뜻을 나타내게 된 한자입니다.

✏️ 빈 칸에 알맞게 쓰세요.

會는 음식이 담긴 그릇의 모양을 본뜬 한자로
훈은 [　　] 이고, 음은 [　　] 입니다.

확인하기 • 會의 아랫부분에 쓰인 曰(가로 왈)은 그릇의 모양이 바뀐 것입니다.

🌙 會의 부수와 총획수를 알아보고 빈 칸에 알맞게 쓰세요.

會
모일 회

부수 - 曰   총획 - 13획

▶ 曰은 '가로 왈' 입니다.

- 會의 **훈**은 [　　] 이고, **음**은 [　　] 입니다.
- 會의 **부수**는 [　　] 이고, **총획**은 [　　] 입니다.

🖋 會의 필순을 알아보고 알맞게 쓰세요.

ノ 人 人 亼 亼 合 슴 슶 슶 會 會 會 會

확인하기 • 会는 會의 간체자입니다. 간체자(簡體字)는 중국에서 필획이 많고 복잡한 본래의 정자체를 줄여서 간단히 만든 한자를 말합니다. 곧 중국에서는 會를 会로 표기합니다.

羊 : 양 **양**   頭 : 머리 **두**   狗 : 개 **구**   肉 : 고기 **육**

羊頭狗肉
양두구육

원래 양의 머리를 걸어 놓고 개고기를 판다는 뜻입니다. 즉, 좋은 물건을 간판으로 내세우고 나쁜 물건을 팔거나, 표면으로는 그럴 듯한 대의명분을 내걸고 이면으로는 좋지 않은 본심이 내포되어 있는 것을 나타내는 성어입니다.

📖 技의 훈과 음을 읽어 보세요.

훈 : 재주   음 : 기

🔍 技가 만들어진 유래를 알아보세요.

扌 + 支 → 技

손 수   버틸 지

扌(손 수, 手의 변형)와 支(버틸 지)를 합한 한자입니다. 扌는 손재주라는 뜻인데 일반적인 의미의 재주라는 뜻을 나타낸 한자입니다. 支(지 → 기)가 음부분으로 쓰였습니다.

✍ 빈 칸에 알맞게 쓰세요.

技는 ☐ (손 수) 와 ☐支☐ (버틸 지) 를 합한 한자로
훈은 ☐ 이고, 음은 ☐ 입니다.

[확인하기] 手 : 손 수(A3-11)   支 : 버틸 지

📖 技의 부수와 총획수를 알아보고 빈 칸에 알맞게 쓰세요.

技
재주 기

부수 - 扌 총획 - 7획

▶ 扌은 '손 수' 입니다.
▶ 扌은 한자의 왼쪽에 쓰이면 '손 수변' 으로 읽습니다.

· 技의 **훈**은 ☐ 이고, **음**은 ☐ 입니다.

· 技의 **부수**는 ☐ 이고, **총획**은 ☐ 입니다.

✏️ 技의 필순을 알아보고 알맞게 쓰세요.

一 十 扌 扩 抃 技 技

技 技 技 技

[확인하기] • 扌가 쓰인 한자는 주로 손과 관련된 뜻을 지니고 있습니다. 예) 打(칠 타), 投(던질 투), 持(가질 지), 指(손가락 지)

能 알아보기

📖 能의 훈과 음을 읽어 보세요.

훈: 능할 음: 능

🔍 能이 만들어진 유래를 알아보세요.

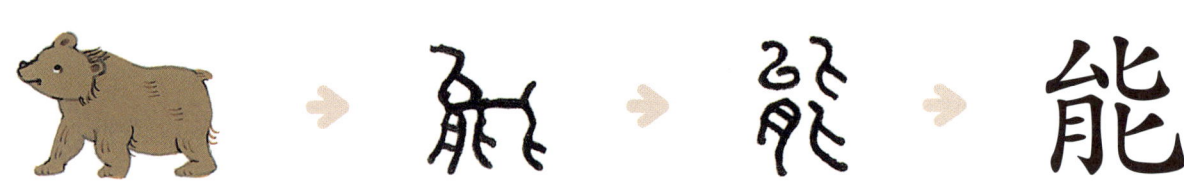

꼬리를 들어 올리고 기어가고 있는 곰의 모양을 본떠 만든 한자입니다. 본래 곰을 뜻하였으나 곰이 재주가 많다는 데서 재능, 능하다, 재주 라는 뜻을 갖게 되었습니다.

✏️ 빈 칸에 알맞게 쓰세요.

能은 꼬리를 들어 올리고 기어가고 있는 곰의 모양을 본뜬 한자로

훈은 ☐ 이고, 음은 ☐ 입니다.

[확인하기] • 能은 본래 곰이라는 뜻을 나타내는 한자였으나 '능하다' 라는 뜻으로 자주 쓰이게 되자 곰을 뜻하는 한자는 灬를 아래에 첨가하여 만든 熊(곰 웅)이 쓰입니다.

能의 부수와 총획수를 알아보고 빈 칸에 알맞게 쓰세요.

能 능할 능

부수 - 月(肉)   총획 - 10획

▶ 月은 '고기 육(肉)' 입니다.
▶ 肉이 부수로 쓰이면 月로 모양이 바뀝니다.

· 能의 **훈**은 □ 이고, **음**은 □ 입니다.
· 能의 **부수**는 □ 이고, **총획**은 □ 입니다.

能의 필순을 알아보고 알맞게 쓰세요.

能 能 能 能

확인하기 • 月은 肉이 부수로 쓰여 모양이 변한 것으로 '육달월'이라고 부르기도 합니다.

📖 部의 훈과 음을 읽어 보세요.

훈: 거느릴/떼 음: 부

🔍 部가 만들어진 유래를 알아보세요.

音 + 阝 ➡ 部

침뱉을 투   고을 읍

音(침뱉을 투)와 阝(고을 읍, 우부 방)을 합한 한자입니다. 중국 한나라 때 땅의 이름을 적기 위해 만든 것인데, 고을을 다스리다, 가르다, 거느리다, 떼를 뜻하는 한자가 되었습니다. 音(투 → 부)가 음이 되었습니다.

✍ 빈 칸에 알맞게 쓰세요.

部는 [音] (침뱉을 투)와 [阝] (고을 읍, 우부 방)을 합한 한자로

훈은 [　] 이고, 음은 [　] 입니다.

확인하기 音: 침뱉을 투   阝: 고을 읍

部의 부수와 총획수를 알아보고 빈 칸에 알맞게 쓰세요.

部
거느릴/떼 부

부수 - 阝(邑)　총획 - 11획

▶ 阝은 '고을 읍' 입니다.
▶ 阝은 한자의 오른쪽에 쓰이면 '우부 방' 으로 읽습니다.

· 部의 **훈**은 ☐ 이고, **음**은 ☐ 입니다.
· 部의 **부수**는 ☐ 이고, **총획**은 ☐ 입니다.

部의 필순을 알아보고 알맞게 쓰세요.

丶 亠 ㅗ 효 产 咅 咅 咅 部 部

部 部 部 部

확인하기 • 阝은 邑(고을 읍)이 부수로 쓰여 모양이 변한 것입니다.

술술술 漢字 동화

동화를 읽고 보기 에서 알맞은 한자나 음을 찾아 쓰세요.

말 잘 듣는 효자 1

옛날 어느 마을에 홀어머니와 조금 어리석은 아들이 살고 있었습니다. 마땅한 재주나 技能 ☐☐ 이 하나 없는 아들은 社會 ☐☐ 에 나갈 변변한 직업을 구하지 못했습니다. 그저 남의 집에 가서 허드렛일을 해 주고 품삯을 받아 어머니를 모시고 살았습니다. 어느 날 아들은 품삯을 받아 집으로 돌아오다가 갑자기 목이 말랐습니다. 우물 옆에 돈을 놓아 두고 물을 마시고는, 돈은 까맣게 잊어버리고 집으로 돌아왔지요.

보기 | 來日　기능　사회　부분

어머니는 속이 상해 아들에게 일렀어요.

"돈을 주머니에 넣어 가지고 왔으면 이런 일이 없지 않니. **내일** ☐☐은 꼭 주머니에 넣고 오너라."

다음 날 아들이 일을 마치자, 주인이 수고했다며 품삯 대신 강아지 한 마리를 주었어요.

'품삯을 주머니에 넣으라고 하셨지?'

아들은 강아지를 주머니에 넣으려고 했습니다. 하지만 강아지는 자꾸 발버둥을 쳤지요.

억지로 집어 넣어보았지만 주머니의 아랫 部分 ☐☐이 뜯어지고 말았습니다.

강아지는 냉큼 도망을 쳐버렸습니다.

이번에도 빈 손으로 돌아오는 아들을 보고 어머니는 가슴을 쳤습니다.

"쯧쯧, 강아지를 주머니에 넣고 오는 바보가 어디 있니! 끈으로 묶어 끌고 와야지!"

– 계속 –

확인하기 來 : 올 래(C2-6)　　日 : 날/해 일(A1-1)　　分 : 나눌 분(C4-15)

빈 칸에 알맞게 쓰고 社로 이루어지는 한자어를 알아보세요.

1. [　] 모일 사 + 長 길/어른 장 → 社長 회사의 대표자

경제가 어려워져 옷이 창고에 쌓여만 가는 현실에 의류업체 社長(　　)들의 한숨만 늘어간다.

2. 會 모일 회 + [　] 모일 사 → 會社 상행위 또는 영리 행위를 목적으로 상법에 따라 설립된 사단 법인

운송업은 일정한 돈을 받고 사람이나 물건을 실어 나르는 산업으로, 버스나 택시 會社(　　), 화물 會社 등이 있다.

3. 社 ─ 交 / 長

社 ─ 交 → [　]交 사회 생활에서 사람끼리의 사귐 (사 교)

社 ─ 長 → [　]長 회사의 대표자 (사 장)

入 ─ 社 → 入[　] 회사에 취직이 되어 들어감 (입 사)

확인하기 長 : 길/어른 장(D3-11)   交 : 사귈 교(C1-2)   入 : 들 입(C2-5)

會로 漢字語 만들기

🔍 빈 칸에 알맞게 쓰고 會로 이루어지는 한자어를 알아보세요.

1.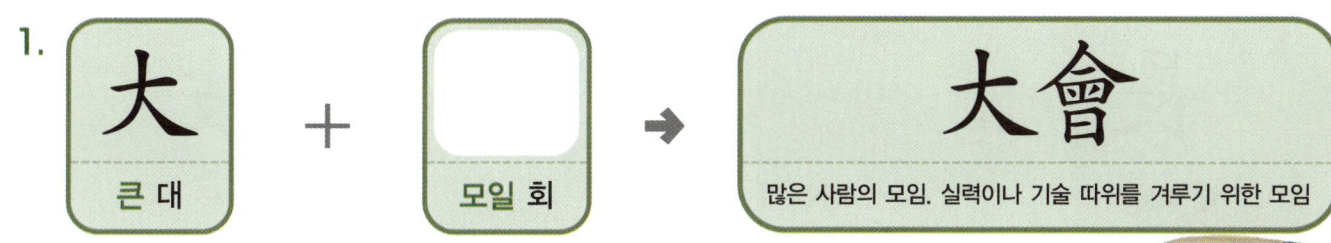

올림픽 **大會**(　　) 기간이어서 라디오에서는 운동 경기 중계 방송을 하고 있었습니다.

2.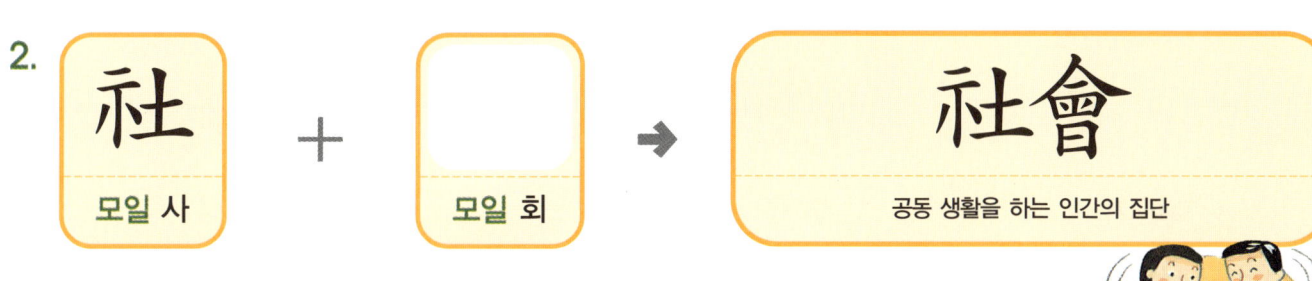

정답고 올바른 인사는 우리 마음을 기쁘게 하고 우리 **社會**(　　)를 밝게 합니다.

3.

확인하기 大 : 큰 대(A4-14)　　面 : 얼굴 면(B4-15)　　立 : 설 립(C2-6)　　國 : 나라 국(D4-13)

技로 漢字語 만들기

빈 칸에 알맞게 쓰고 技로 이루어지는 한자어를 알아보세요.

1.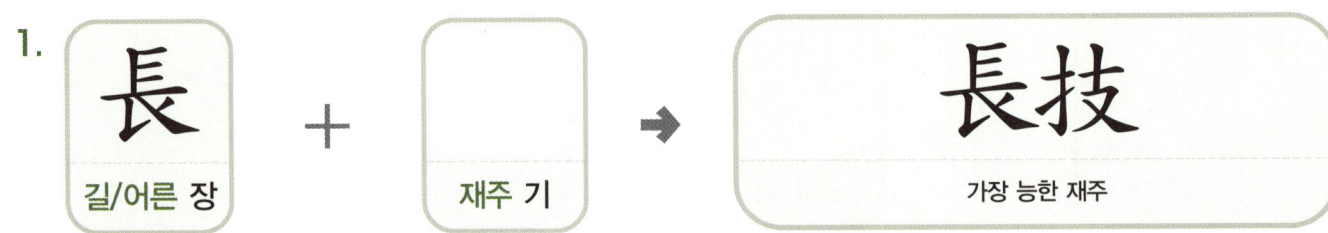

長 길/어른 장 + 技 재주 기 → 長技 가장 능한 재주

학급별 오락 시간을 마치고, 5학년 학생 전체가 모여 **長技**( ) 자랑 시간을 가졌습니다.

2.

技 재주 기 + 法 법 법 → 技法 기술상의 수법

백자 연적에는 그림을 그리고 시를 써 넣기도 하는 등 다양한 표현 **技法**( )을 적절하게 사용하였다.

3.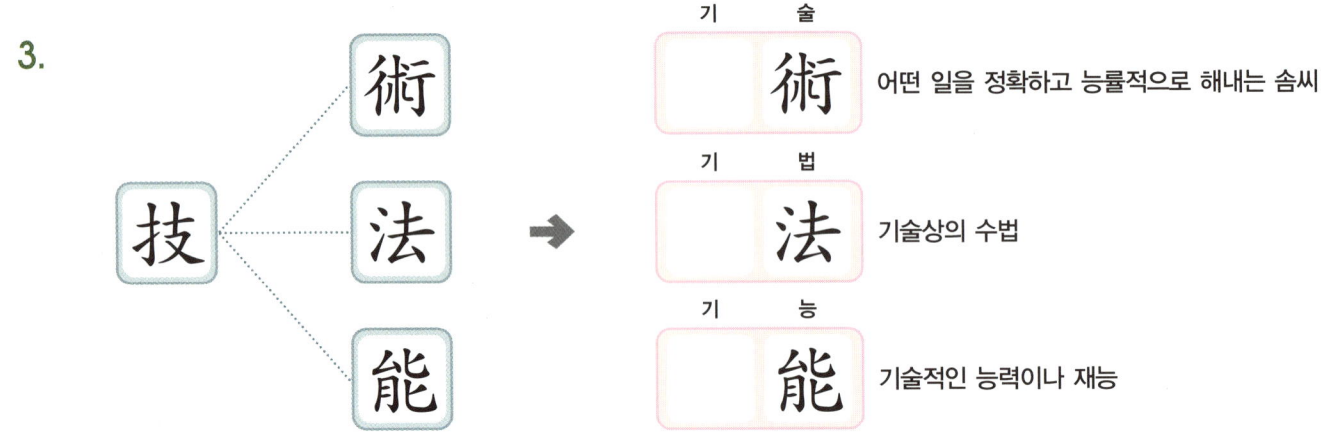

技 — 術 / 法 / 能 →

기 술 技術 어떤 일을 정확하고 능률적으로 해내는 솜씨
기 법 技法 기술상의 수법
기 능 技能 기술적인 능력이나 재능

확인하기 長 : 길/어른 장(D3-11)   法 : 법 법(D3-10)   術 : 꾀 술

🔖 빈 칸에 알맞게 쓰고 能으로 이루어지는 한자어를 알아보세요.

1.  +  →

   워드 프로세서의 다양한 **技能**(　　　)과 사용법을 익히면 필요한 문서를 작성할 때 편리하다.

2.  +  →

   옛날 사람들은 주술사가 신의 **能力**(　　　)을 지니고 있거나, 신을 대신해서 **能力**(　　　)을 보여 준다고 믿었다.

3. 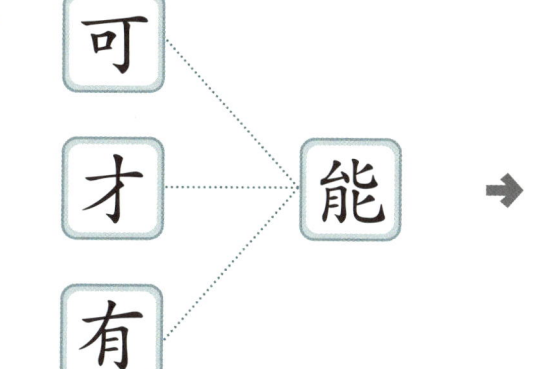 →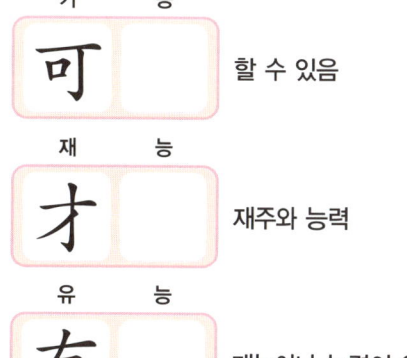

   - 可能 할 수 있음
   - 才能 재주와 능력
   - 有能 재능이나 능력이 있음

 力 : 힘 력(A4-14)　　可 : 옳을 가(E1-3)　　才 : 재주 재(C1-1)　　有 : 있을 유(D1-3)

部로 漢字語 만들기

📖 빈 칸에 알맞게 쓰고 部로 이루어지는 한자어를 알아보세요.

1.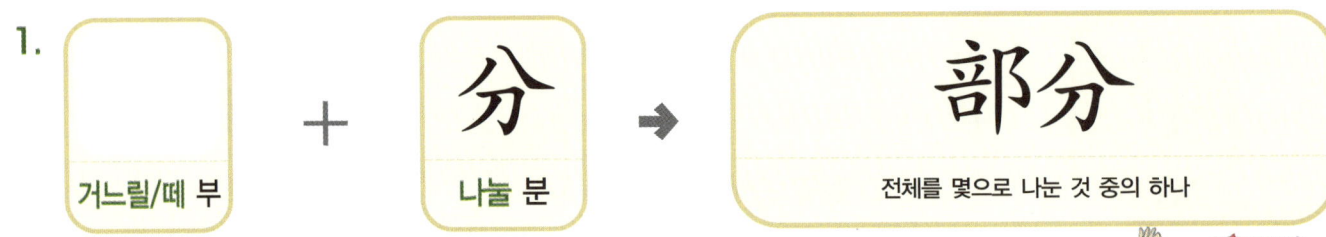

지휘에 맞추어 **部分**(　　　) 2부 합창을 해 봅시다. 다른 악기 소리와의 어울림에 주의를 기울여 기악 합주를 해 봅시다.

2.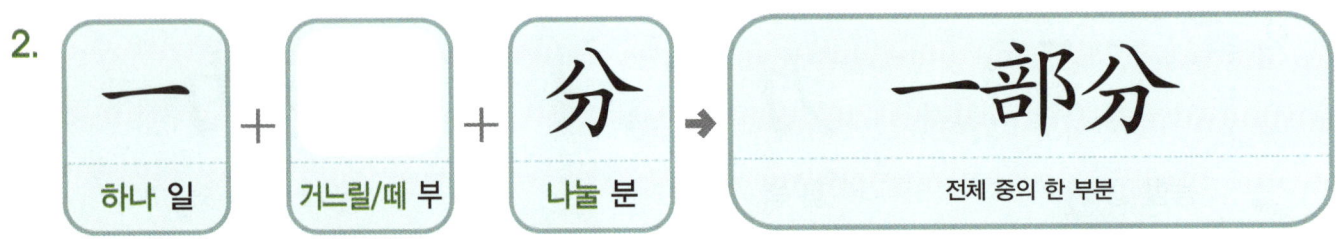

시를 읽고 시의 **一部分**(　　　)을 바꾸어 지어 보세요.

3.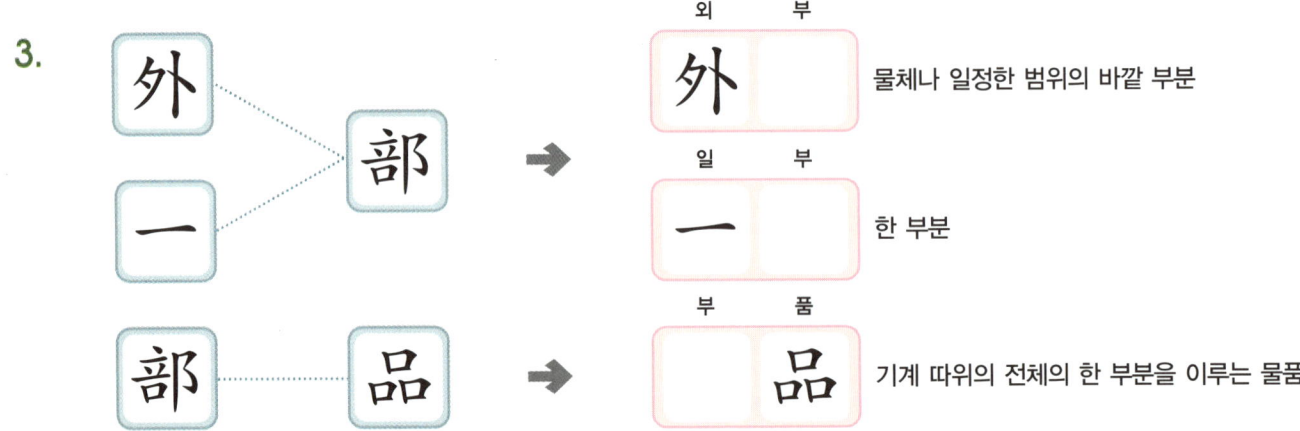

확인하기　分 : 나눌 분(C4-15)　　一 : 하나 일(A2-5)　　外 : 밖 외(C2-5)　　品 : 물건 품(E1-1)

新聞으로 배우는 漢字

신문 기사를 읽고 물음에 답하세요.

나도 新聞을 읽을 수 있어요!
제7호

[서울] "국가 중대사 … 국민 ㉠合意가 ㉡必要"

이날 심포지엄은 수도이전 경험이 있거나 관심을 갖고 있는 전문가의 의견과 입장을 확인함으로써 우리나라 수도이전의 적정성을 확인하기 위해 서울시 시정개발연구원이 주최했다.

심포지엄에서 케네스 코리 미국 미시간 주립대학 도시·지역계획학과 교수는 "수도이전은 장기적으로 진행되는 국가적 중대한 사안이므로 국민적 합의가 무엇보다 중요하다"며 "한국의 지도층과 국민은 타당성에 대해 심사숙고해야 할 것"이라고 지적했다.

코리 교수는 오타와와 캔버라의 수도이전 계획과 시행을 예로 들며 성공적인 수도이전 요인으로 국민적 합의를 비롯해 재정적 지원, 도시계획기술, 행정 전문성, 옹호론자의 지지 등 다섯가지를 들었다.

이어 하타 다쓰오 일본 국제기독교대학 국제관계학과 교수는 '도쿄의 수도 ㉢技能 이전은 왜 바람직하지 않은가' 대쓴 주제발표에서 "인구 60만 명의 신수도 이전으로 교통 혼잡과 지가상승 등 집중의 폐해를 줄일 수는 없다"며 "신수도 건설을 위해서는 도심의 정부 토지를 매각해서 충당해야 하는데 민간 기업이 오피스건물을 세운다면 도심 혼잡은 줄어들지 않을 것"이라고 말했다.

아날리에 슈오엔 독일 베를린시 도시개발국 수도계획단장은 '분단 전 그리고 통일 이후 수도 베를린'이라는 주제를 통해 통일 이후 분단 이전의 ㉣原來 수도로 복귀하는 과정을 사례로 들

다. 슈오엔 단장은 "독일 정부는 수도였던 본이 ㉤사회·경제·구조적으로 문제가 발생하지 않도록 하기 위해 정부의 주요 부처만 베를린으로 옮겼다"며 "역사적으로 수도이전은 적합한 결정이었지만 인구감소 추세와 증가하는 실업률을 막기에는 역부족이었다"고 강조했다.

[세계일보] 2004-09-23

1. ㉠, ㉡, ㉢, ㉣의 음을 쓰세요.

2. ㉤을 한자로 바꾸어 쓰세요.

漢字語 다지기
社會技能部

👉 빈 칸에 알맞은 음을 쓰고 필순에 맞게 한자를 쓰세요.

한자어	음	필순 한자
社長	1. 사장	社 (一 二 亍 亓 示 示 차 社)
大會	2.	會 会 (ノ 人 ㅅ ㅅ 今 命 命 侖 命 禽 會 會 會)
技法	3.	技 (一 十 扌 扌 扩 抄 技)
能力	4.	能 (ノ ㅅ 彳 台 自 自 育 能 能 能)
部品	5.	部 (丶 亠 ㅛ 立 产 音 音 音 咅 部 部)

G2-110a 기탄한자

빈 칸에 공통적으로 들어갈 한자를 쓰세요.

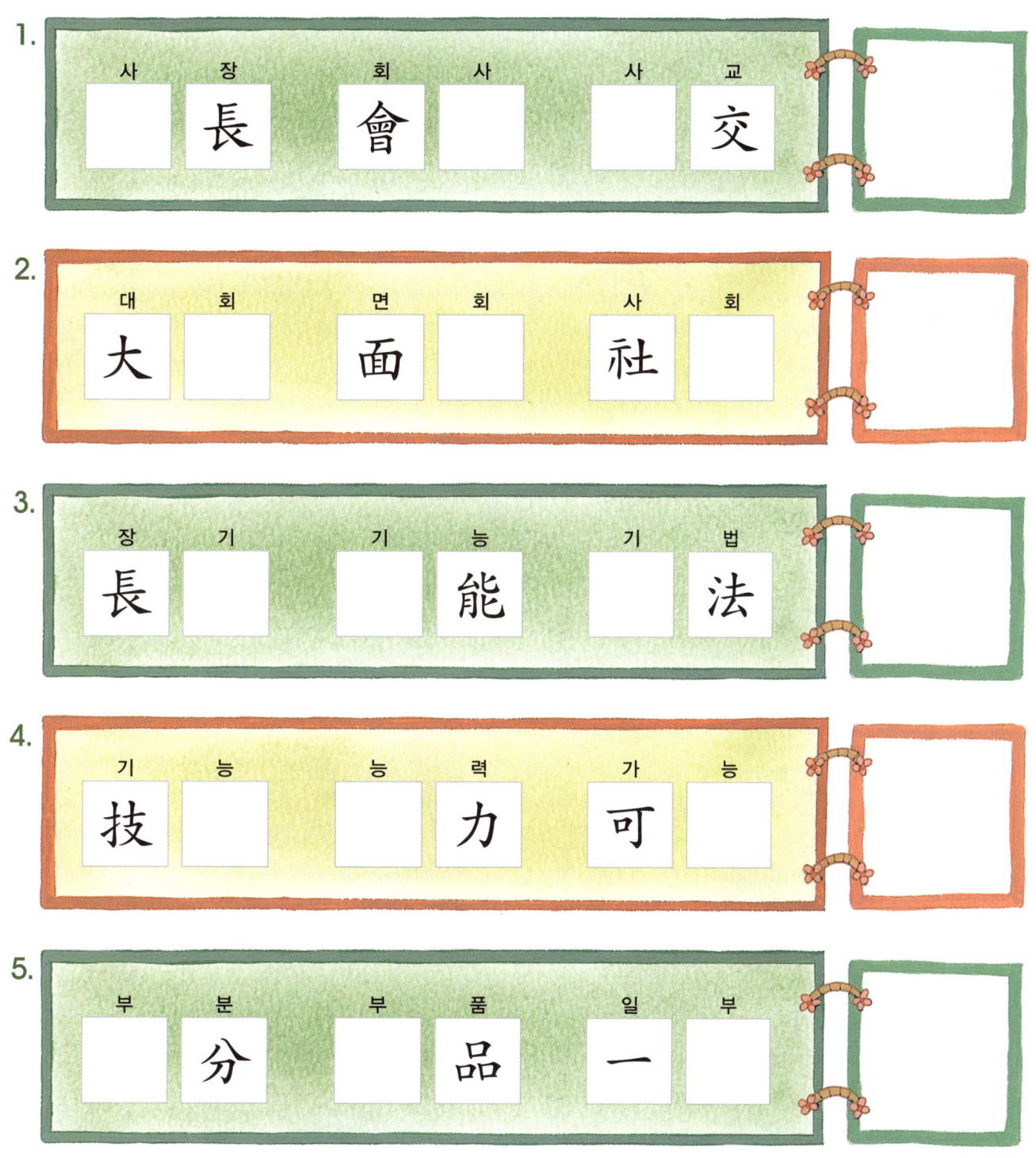

1. 서로 관련 있는 것끼리 선으로 이으세요.

社	모일	회
能	모일	사
技	능할	기
會	재주	능
部	거느릴 때	부

2. 다음 빈 칸에 알맞은 한자를 쓰세요.

3. 다음 빈 칸에 공통적으로 들어갈 한자를 쓰세요.

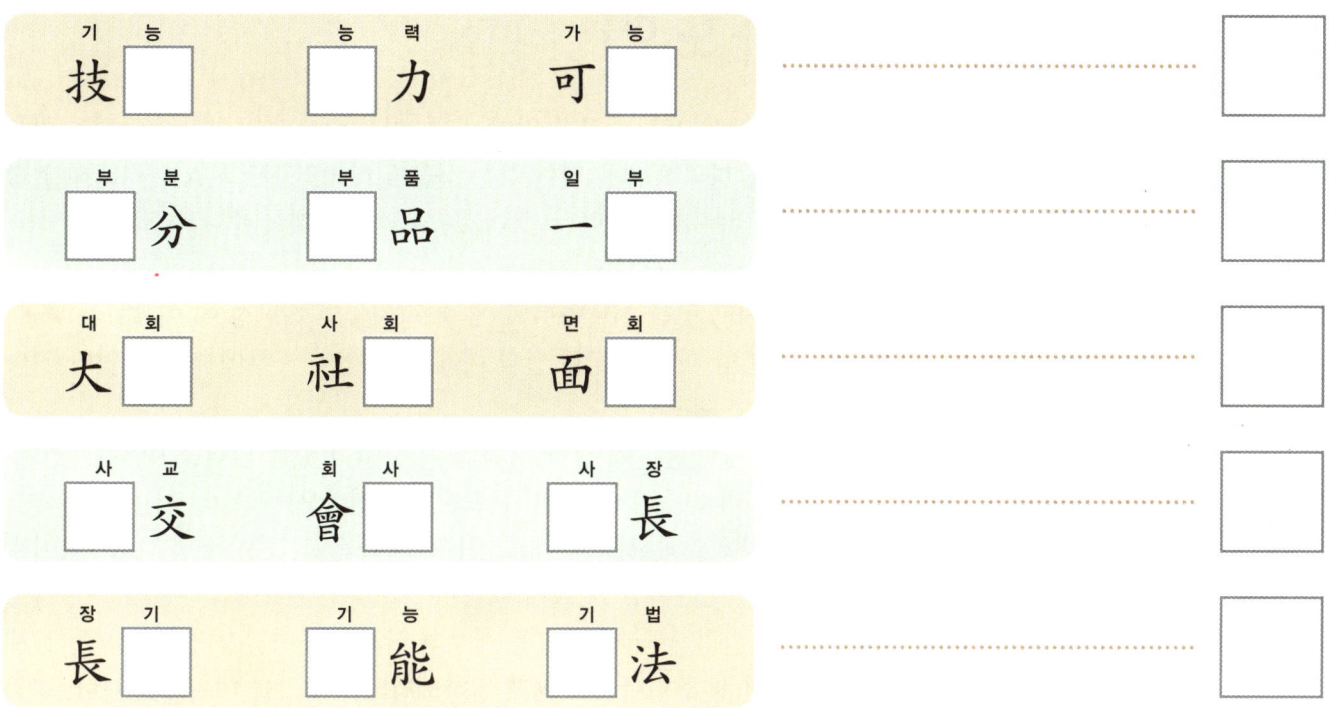

4. 다음 보기 에서 알맞은 한자어를 찾아 쓰세요.

보기: 會社   大會   技法   技能   一部

• 수묵화는 붓놀림의 [기][법] 에 따라 다양한 선의 모양을 나타낼 수 있습니다.

• 요즘의 핸드폰은 전화 통화뿐만 아니라 다양한 [기][능] 을 가지고 있습니다.

• 지구는 은하계의 [일][부] 입니다.

• 택배 [회][사] 는 물건을 원하는 곳까지 배달해 주는 일을 합니다.

• 아테네 올림픽 [대][회] 기간 동안 밤잠을 못 이룬 사람들이 많았습니다.

중매의 신 월하노인(月下老人)

남녀가 결혼을 하는 것은 사람의 일생에서 가장 중요한 일인 만큼, 여기에는 많은 신화와 전설이 있습니다. 그 가운데 하나로 예전 사람들은 남녀의 인연을 맺어 주는 신을 월하노인(月下老人)이라고 하였습니다. 이 노인은 주머니 속에 붉은 끈을 넣어 가지고 다니면서 남녀의 인연을 맺어 준다고 합니다.

중국 당나라 초기, 위고라는 청년이 여러 곳을 여행하던 중에 송성(지금의 허난성)에 이르렀을 때 어느 허름한 여관에 묵게 되었습니다. 그날 밤 휘영청 밝은 달빛 아래 한 노인이 자루에 기대어 앉아 커다란 책을 뒤적이고 있었습니다. 위고가 물었습니다.
"무슨 책을 보고 계십니까?" "이것은 세상 혼사에 관한 책인데 여기 적혀 있는 남녀를 이 자루 안에 있는 빨간 끈으로 한번 묶어 놓으면 아무리 원수지간이라도 반드시 맺어진다오."
"그럼 제 배필은 어디 있습니까?" "송성에 있네. 북쪽에 채소 파는 노파가 안고 있는 아이가 바로 짝이네."
그러나 위고는 참 이상한 노인이라고만 생각하고 그 말에 크게 신경쓰지 않았습니다.
그로부터 14년이 지나 위고는 상주의 관리가 되어 그 고을 태수의 딸과 결혼하였습니다. 신부는 17세로 어린 나이였습니다. 어느 날 문득 예전 생각이 나 부인에게 월하노인의 이야기를 해 주었습니다. 그러자 부인이 깜짝 놀라면서 말하였습니다. "저는 사실 태수의 친딸이 아닙니다. 아버지가 송성에서 벼슬하시다가 돌아가시자 유모가 채소 장사를 하면서 길러 주었는데 지금의 태수께서 아이가 없자 저를 양녀로 삼으신 것입니다."
이에서 유래하여 부부의 인연을 맺어 주는 중매쟁이 노인을 월하노인이라고 표현합니다.

月 : 달 월(A1-2)   下 : 아래 하(A4-15)   老 : 늙을 로(D2-6)   人 : 사람 인(A3-11)

17. 나는 이번 전국 음악 [　] 에서 2등을 했습니다.

① 入社　② 社會　③ 有能　④ 會社

18. 정비소에서 자동차 [　] 를 교체했습니다.

① 部品　② 入社　③ 有能　④ 大會

다음 〈보기〉에서 알맞은 한자어를 찾아 쓰세요.

〈보기〉 才能　社交　國會　技法

19. 재능 [　][　]

20. 국회 [　][　]

점수	평가 결과 및 향후 지도
16~20문항	잘했어요. G2집 8권으로 진행하세요.
11~15문항	부족해요. 틀린 문제의 한자를 다시 학습한 후 G2집 8권으로 진행하세요.
10문항 이하	많이 부족해요. 이번 호를 복습한 후 다음 호로 진행하세요.

※ 왼쪽의 한자어가 되도록 바르게 연결하세요.

10. 기능 · · 會
11. 사교 · · 交
12. 입회 · · 技
   · 社
   · 能

※ 다음 보기 에서 알맞은 한자어를 찾아 쓰세요.

보기
外部   部分   面會   能力

13. 물체나 일정한 범위의 바깥 부분
14. 어떤 일을 해낼 수 있는 힘
15. 찾아가거나 찾아온 사람을 만나 봄

16. 다음 빈 칸에 알맞은 한자어를 고르세요.

 社 모일 사

 會 모일 회

 技 재주 기

 能 능할 능

 部 거느릴/떼 부

社會技能部

모일 사 모일 회 재주 기 능할 능 거느릴/떼 부

G2집 7호 한자 카드

會

社

能

技

社會技能部

部

G단계 7호 해답

97a 1. 나타날 현, 있을 재, 장사 상, 일 사

2.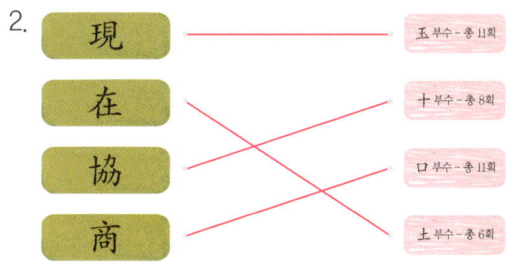

97b 3. 表現, 協同, 商人, 人事   4. 공간, 활동, 협동
98a 사장, 대회
98b 장기, 기능
99a 부분
100a 土, 모일, 사
100b 모일, 사, 示, 8획
101a 모일, 회
101b 모일, 회, 曰, 13획
103a 扌, 재주, 기
103b 재주, 기, 扌, 7획
104a 능할, 능
104b 능할, 능, 月(肉), 10획
105a 거느릴/떼, 부
105b 거느릴/떼, 부, 阝(邑), 11획
106a 기능, 사회
106b 來日, 부분
107a 1. 社, 사장   2. 社, 회사   3. 社, 社, 社
107b 1. 會, 대회   2. 會, 사회   3. 會, 會, 會
108a 1. 技, 장기   2. 技, 기법   3. 技, 技, 技
108b 1. 能, 기능   2. 能, 능력   3. 能, 能, 能
109a 1. 部, 부분   2. 部, 일부분   3. 部, 部, 部
109b 1. 합의, 필요, 기능, 원래   2. 社會

110a 1. 사장   2. 대회   3. 기법   4. 능력   5. 부품
110b 1. 社   2. 會   3. 技   4. 能   5. 部
111a 1.

2. 社, 會, 技, 部

111b 3. 能, 部, 會, 社, 技
4. 技法, 技能, 一部, 會社, 大會

형성평가

1. ①   2. ②   3. 部, 거느릴/떼 부
4. 技   5. 사장   6. 장기
7. 技   8. 部   9. 能
10.
11.   (기능-社, 사교-交, 입회-會, 立, 技-能)
12.
13. 外部
14. 能力
15. 面會
16. ③
17. ④
18. ①
19. 才能
20. 國會

펴낸이 : 정지향
펴낸곳 : (주)기탄교육
기획·편집·디자인 : 기탄교육연구소
주소 : 06698 서울특별시 서초구 효령로 42 기탄출판문화센터
등록 : 제22-1740호
전화 : (02) 586-1007
팩스 : (02) 586-2337

※서점에 갈 시간이 없거나 구하기 어려운 분은 인터넷 또는 전화로 신청하세요. 즉시 우송해 드립니다.
● www.gitan.co.kr

ⓒ 2005 (주)기탄교육 All rights reserved.
저작권자의 동의 없이 본 교재를 무단으로 복제하거나 전재하는 것을 금합니다.

G 단계에서 배운 한자들

會	모일 회
能	능할 능
社	모일 사
技	재주 기
部	거느릴/떼 부

現	在	協	商	事
나타날 현	있을 재	도울 협	장사 상	일 사

夜	景	成	功	者	時	間	空	氣	集
밤 야	볕 경	이룰 성	공 공	사람 자	때 시	사이 간	빌 공	기운 기	모일 집

果	實	夫	婦	美	重	要	活	動	得
열매 과	열매 실	남편 부	아내 부	아름다울 미	무거울 중	요긴할 요	살 활	움직일 동	얻을 득

♥ 엄마가 한자나 한자어를 부르고 아이가 받아쓰도록 합니다.

8호

기탄교과서한자 G단계 2집 113a~128a

G2집
65a-128a

113a-128a

초등 교과서 한자어를 총체 분석한 어휘력 향상 한자 학습 프로그램

기탄 교과서 한자

공부한 날   월   일 ~   월   일
　　　　　　　　　교　　반
이름　　　　　전화

www.gitan.co.kr

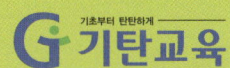

G단계 학습 한자 일람

	G단계						
1집	果, 實, 夫, 婦, 美	2집	時, 間, 空, 氣, 集	3집	問, 答, 登, 場, 省	4집	物, 件, 發, 電, 書
	重, 要, 活, 動, 得		現, 在, 協, 商, 事		春, 夏, 秋, 冬, 溫		高, 低, 苦, 樂, 朝
	夜, 景, 成, 功, 者		社, 會, 技, 能, 部		貴, 愛, 病, 死, 敬		眞, 理, 學, 習, 賞
	복습		복습		복습		복습

학습 진단 관리표

	한자		한자어		이번 주는	
	읽기	쓰기	읽기	쓰기		
금주평가	Ⓐ 아주 잘함	Ⓐ 아주 잘함	Ⓐ 아주 잘함	Ⓐ 아주 잘함	● 학습방법	❶ 매일매일 ❷ 가끔 ❸ 한꺼번에 하였습니다.
	Ⓑ 잘함	Ⓑ 잘함	Ⓑ 잘함	Ⓑ 잘함	● 학습태도	❶ 스스로 잘 ❷ 시켜서 억지로 하였습니다.
	Ⓒ 보통	Ⓒ 보통	Ⓒ 보통	Ⓒ 보통	● 학습흥미	❶ 재미있게 ❷ 싫증내며 하였습니다.
	Ⓓ 노력해야 함	Ⓓ 노력해야 함	Ⓓ 노력해야 함	Ⓓ 노력해야 함	● 교재내용	❶ 적합하다고 ❷ 어렵다고 ❸ 쉽다고 하였습니다.

지도 교사가 부모님께   부모님이 지도 교사께

종합평가	Ⓐ 아주 잘함	Ⓑ 잘함	Ⓒ 보통	Ⓓ 노력해야 함

- '복습해요'를 통해 G2집에서 익힌 15자의 훈, 음, 형을 복습합니다.
- 부수의 명칭은 암기하려 하지 말고 한자의 생성 원리를 이해할 수 있도록 학습합니다.

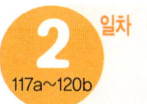
- 만화를 통해 고사성어 完璧의 뜻과 쓰임을 알아보고 적절한 때 사용할 수 있습니다.
- G2집에서 익힌 15자로 만들어지는 한자어의 음과 뜻을 한 번 더 복습합니다.
- 저학년의 경우 한자어의 읽기를 위주로 학습하고 쓰기는 선택적으로 학습합니다.

- 동화 '말 잘 듣는 효자'를 읽고 지금까지 배운 한자를 문장 속에 활용해 봅니다.
- G2집에서 익힌 15자의 훈, 음, 형을 쓰기를 통해 복습합니다.
- G2집에서 익힌 15자로 만들어지는 한자어를 복습합니다.

- G2집에서 익힌 한자어를 재미있는 퍼즐 형식에 담아 풀어 봅니다.
- 인물 이야기 '국제적십자의 창시자 앙리 뒤낭'을 읽고 한자를 익혀 봅니다.
- 신문 기사를 읽고 알고 있는 한자를 기사문에 적용해 학습합니다.

- 풀어보기를 통해 G2집에서 익힌 15자를 복습하고 '과거 시험장에서 이런 일이'를 읽어 봅니다.
- 형성평가를 풀어 보고 G2집의 학습 성취도를 스스로 진단합니다.

복습해요

빈 칸에 알맞은 훈음을 쓰세요.

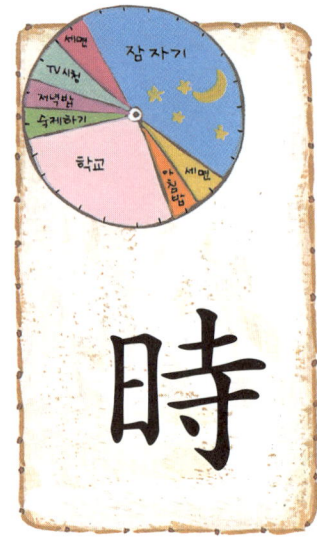   

時 　 間 　 空 　 氣

1. 　2. 　3. 빌공　4.

集 　 現 　 在 　 協

5. 　　6. 　7. 　8.

11. 모일 사

다음 한자의 부수를 찾아 ◯하고, 필순에 맞게 한자를 쓰세요.

1.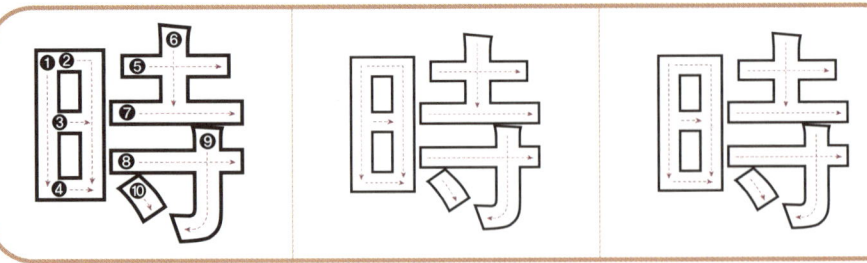

2.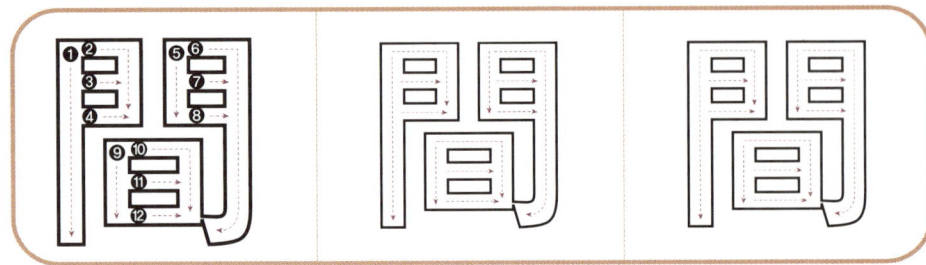

3.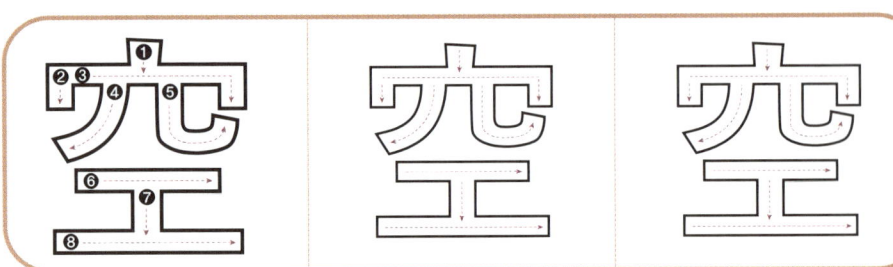

4.

5.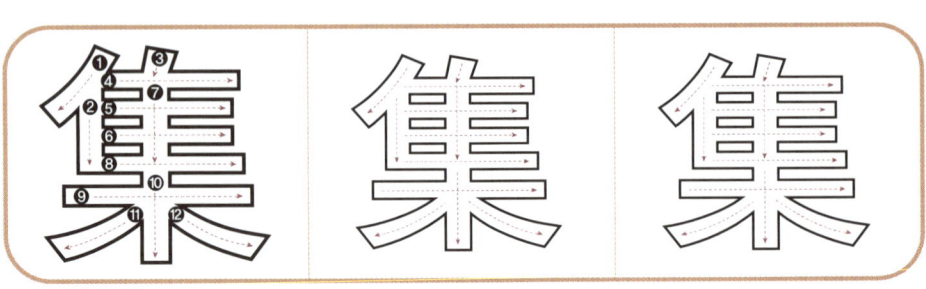

확인하기 日 : 날/해 일(A1-1)   門 : 문 문(B2-6)   穴 : 구멍 혈   气 : 기운 기   隹 : 새 추

빈 칸에 알맞게 쓰세요.

1. 時는 [　] (날/해 일) 과 [寺] (절 사) 를 합한 한자로
   훈은 [　] 이고, 음은 [　] 입니다.

2. 間은 [　] (문 문) 과 [　] (날/해 일) 을 합한 한자로
   훈은 [　] 이고, 음은 [　] 입니다.

3. 空은 [穴] (구멍 혈) 과 [　] (장인 공) 을 합한 한자로
   훈은 [　] 이고, 음은 [　] 입니다.

4. 氣는 [气] (기운 기) 와 [米] (쌀 미) 를 합한 한자로
   훈은 [　] 이고, 음은 [　] 입니다.

5. 集은 [隹] (새 추) 와 [　] (나무 목) 을 합한 한자로
   훈은 [　] 이고, 음은 [　] 입니다.

확인하기 寺 : 절 사   工 : 장인 공(B2-6)   米 : 쌀 미   木 : 나무 목(A1-3)

다음 한자의 부수를 찾아 ◯하고, 필순에 맞게 한자를 쓰세요.

1. 現 — 目 丰 ⓞ(玉)
2. 在 — 土 山 水
3. 協 — 十 口 土
4. 商 — 刀 一 口
5. 事 — 子 亅 八

확인하기 玉 : 구슬 옥(A4-13)   土 : 흙 토(A1-3)   十 : 열 십(A3-9)   口 : 입 구(A3-10)   亅 : 갈고리 궐

🌀 빈 칸에 알맞게 쓰세요.

1.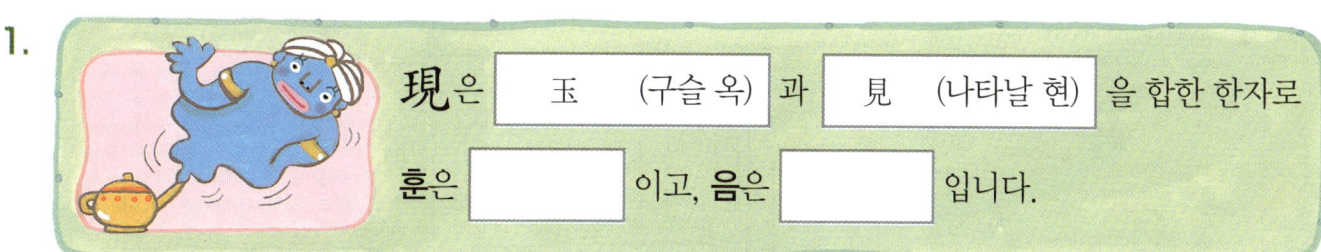
現은 　玉　(구슬 옥) 과 　見　(나타날 현) 을 합한 한자로
훈은 　　　　　 이고, 음은 　　　　　 입니다.

2.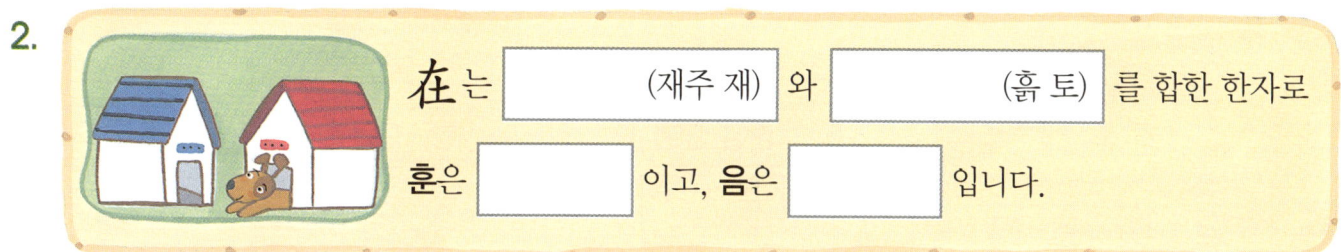
在는 　　　　　(재주 재) 와 　　　　　(흙 토) 를 합한 한자로
훈은 　　　　　 이고, 음은 　　　　　 입니다.

3.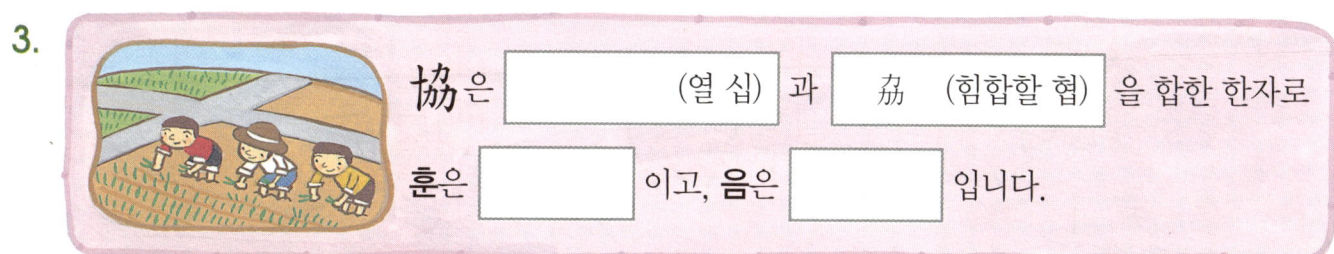
協은 　　　　　(열 십) 과 　劦　(힘합할 협) 을 합한 한자로
훈은 　　　　　 이고, 음은 　　　　　 입니다.

4.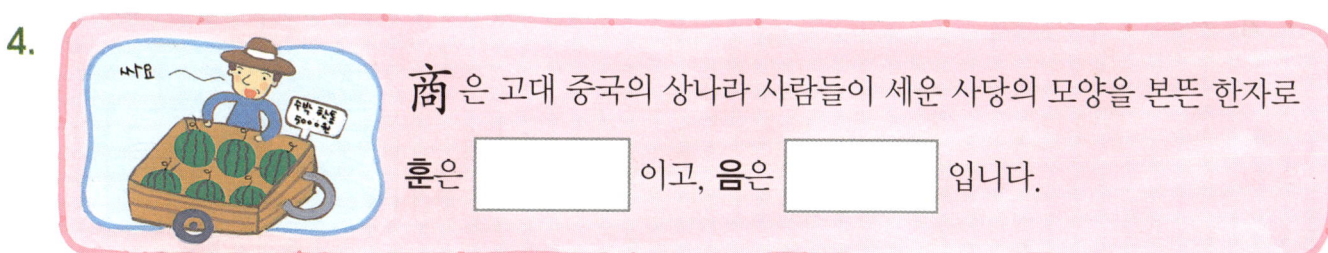
商은 고대 중국의 상나라 사람들이 세운 사당의 모양을 본뜬 한자로
훈은 　　　　　 이고, 음은 　　　　　 입니다.

5.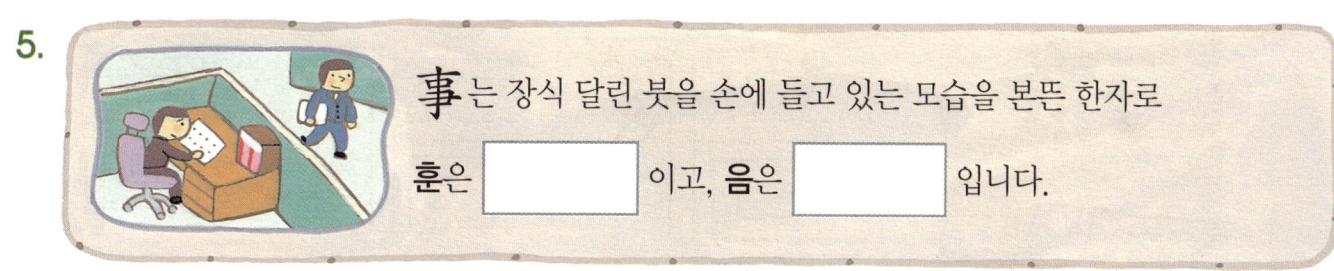
事는 장식 달린 붓을 손에 들고 있는 모습을 본뜬 한자로
훈은 　　　　　 이고, 음은 　　　　　 입니다.

확인하기 　見 : 볼/뵈올 견/현(D4-14)　　• 現에서 見은 '나타나다' 라는 뜻의 '현' 으로 쓰였습니다.　　才 : 재주 재(C1-1)　　劦 : 힘합할 협

社會技能部

다음 한자의 부수를 찾아 ○하고, 필순에 맞게 한자를 쓰세요.

1.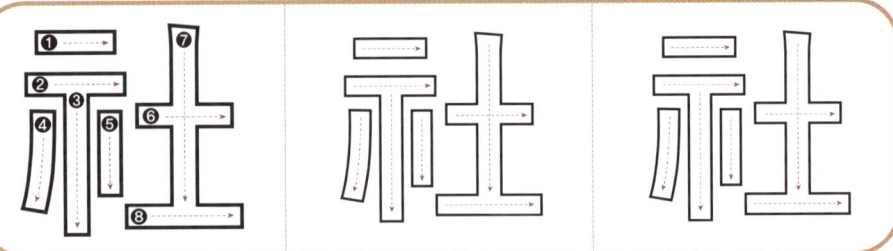

2.

3.

4.

5.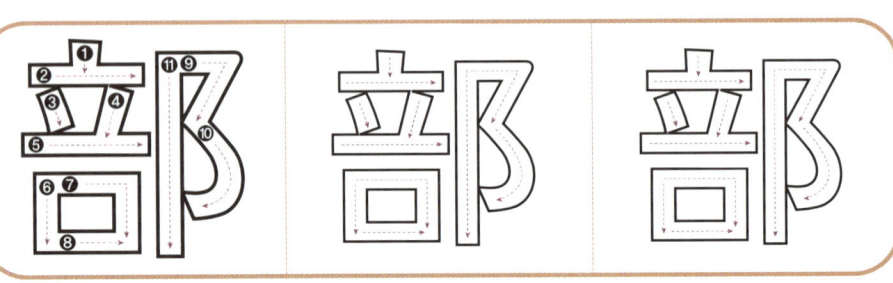

확인하기 示 : 보일 시   日 : 가로 왈   手 : 손 수(A3-11)   肉 : 고기 육(C1-3)   阝 : 우부 방(=邑 고을 읍)

빈 칸에 알맞게 쓰세요.

1. 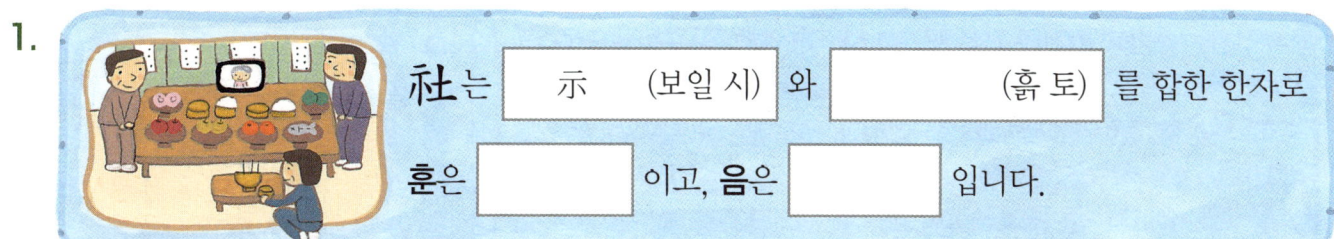 社는 示 (보일 시) 와 ☐ (흙 토) 를 합한 한자로 훈은 ☐ 이고, 음은 ☐ 입니다.

2. 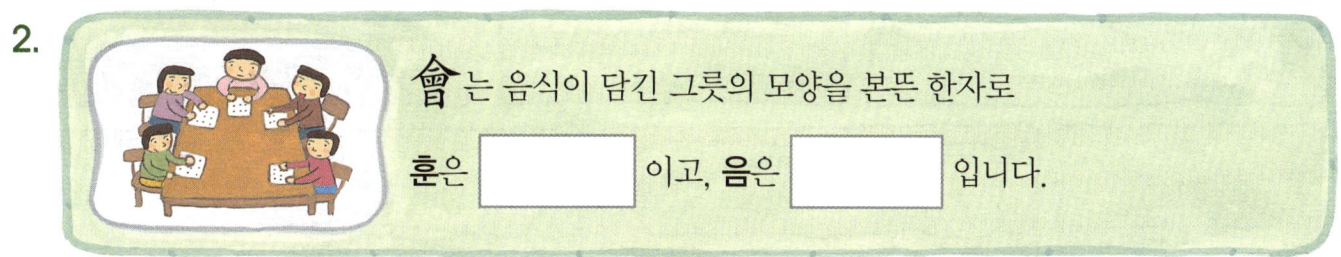 會는 음식이 담긴 그릇의 모양을 본뜬 한자로 훈은 ☐ 이고, 음은 ☐ 입니다.

3. 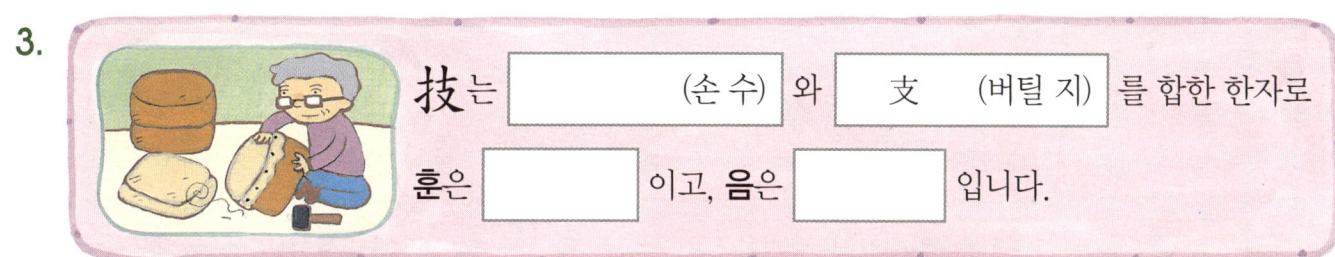 技는 ☐ (손 수) 와 支 (버틸 지) 를 합한 한자로 훈은 ☐ 이고, 음은 ☐ 입니다.

4. 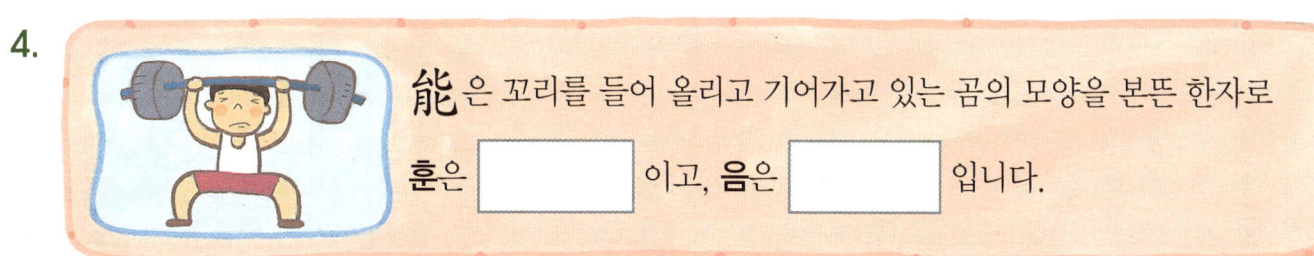 能은 꼬리를 들어 올리고 기어가고 있는 곰의 모양을 본뜬 한자로 훈은 ☐ 이고, 음은 ☐ 입니다.

5. 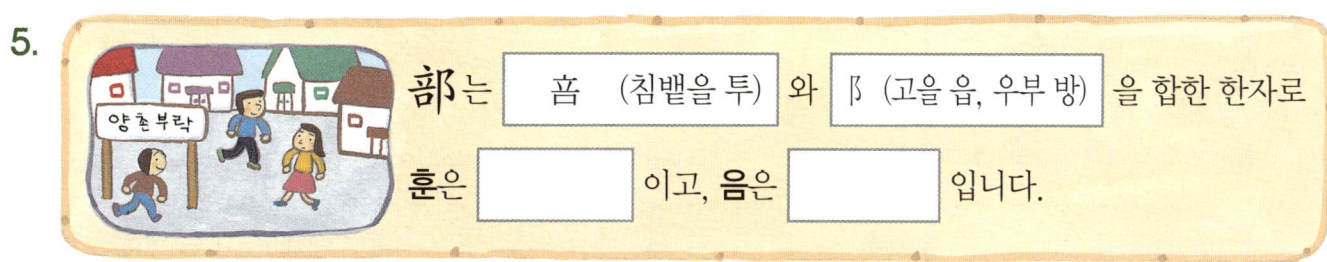 部는 咅 (침뱉을 투) 와 阝 (고을 읍, 우부 방) 을 합한 한자로 훈은 ☐ 이고, 음은 ☐ 입니다.

확인하기 土 : 흙 토(A1-3)   支 : 버틸 지   咅 : 침뱉을 투

完 : 완전할 **완**　　**璧** : 둥근옥 **벽**

흠이 없는 완전한 구슬(璧)이라는 뜻이며, 또한 구슬을 완전하게 보존한다는 뜻도 됩니다.
춘추시대, 조나라의 인상여가 '화씨벽'이라는 구슬을 진나라 소양왕에게 가지고 갔다가 온전하게 보존해 온 것에서 유래되어진 성어입니다. 지금은 주로 완전무결한 것을 뜻하는 말로 쓰입니다.

漢字語 다지기
時 間 空 氣 集

그림과 한자어를 연결하고 빈 칸에 음을 쓰세요.

1.

2.

3.

4.

5.

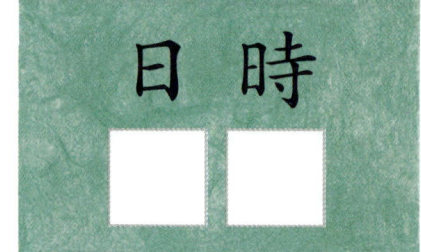
日 時

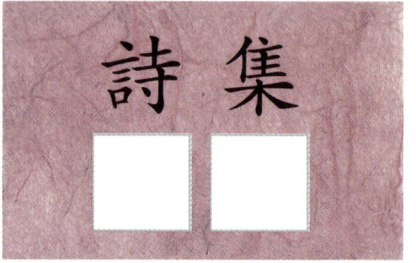
詩 集

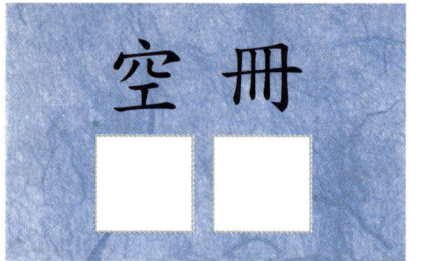
空 冊

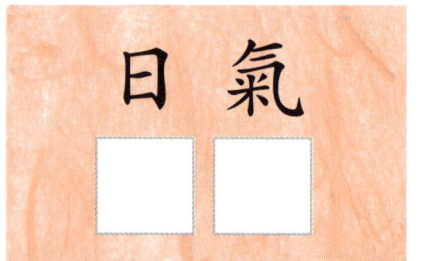
日 氣

人 間

확인하기 日 : 날/해 일(A1-1)   詩 : 시 시(F4-13)   冊 : 책 책(B3-10)   人 : 사람 인(A3-11)

빈 칸에 알맞게 쓰세요.

1.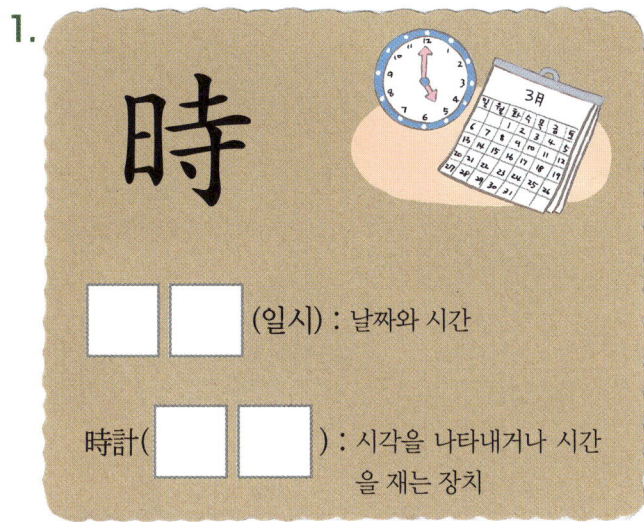
時
☐☐ (일시) : 날짜와 시간
時計(☐☐) : 시각을 나타내거나 시간을 재는 장치

2.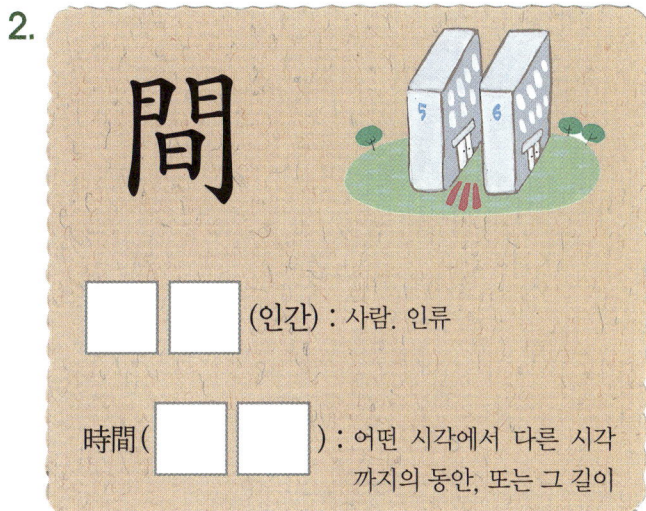
間
☐☐ (인간) : 사람. 인류
時間(☐☐) : 어떤 시각에서 다른 시각까지의 동안, 또는 그 길이

3.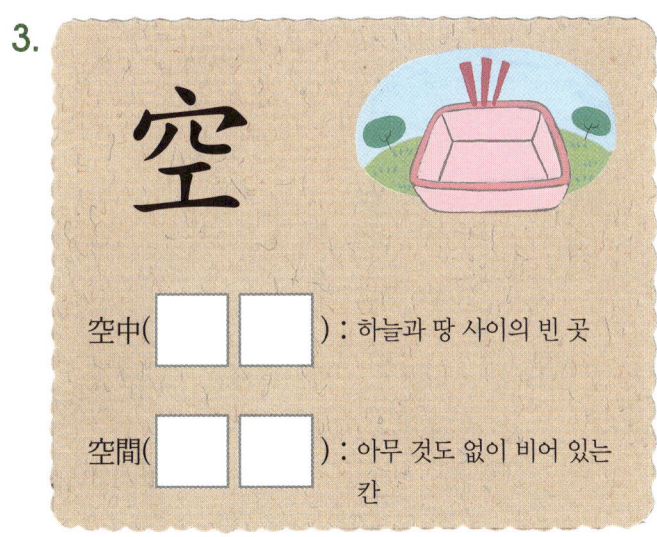
空
空中(☐☐) : 하늘과 땅 사이의 빈 곳
空間(☐☐) : 아무 것도 없이 비어 있는 칸

4.
氣
☐☐ (공기) : 지구 대기의 하층 부분을 이루고 있는 무색 투명한 기체
香氣(☐☐) : 꽃이나 향 따위에서 나는 기분 좋은 냄새

5.
集
文集(☐☐) : 시문을 한데 모아서 엮은 책
☐☐ (집중) : 한 곳을 중심으로 하여 모이거나 모음

확인하기 　計 : 셀/꾀 계(F4-13)　　中 : 가운데 중(A4-15)　　香 : 향기 향(E3-11)　　文 : 글월 문(C1-1)

漢字語 다지기

現在協商事

그림과 한자어를 연결하고 빈 칸에 음을 쓰세요.

1.

2.

3.

4.

5.

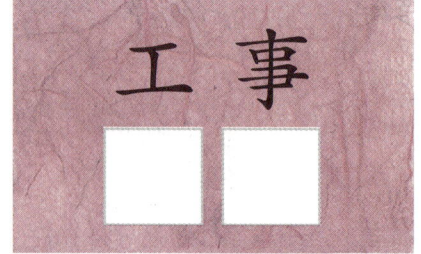

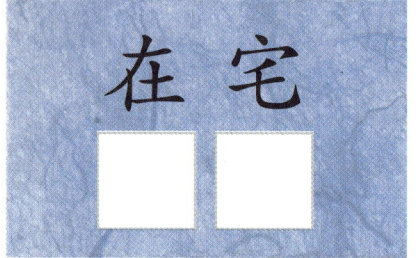

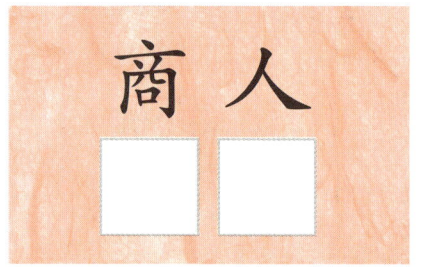

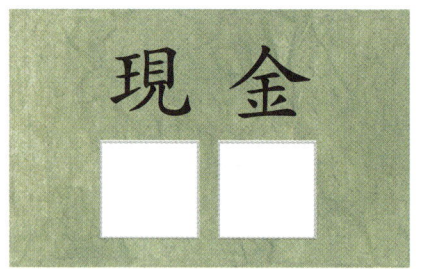

확인하기 工 : 장인 공(B2-6)   宅 : 집 택(F1-2)   人 : 사람 인(A3-11)   金 : 쇠/성 금/김(A1-3)   同 : 같을 동(E2-5)

빈 칸에 알맞게 쓰세요.

1.
現
表現(　　) : 드러내어 나타냄
出現(　　) : 나타남

2.
在
　　(현재) : 이제. 지금
所在(　　) : 있는 곳

3.
協
　　(협동) : 마음과 힘을 합함
協力(　　) : 서로 돕는 마음으로 힘을 모음

4.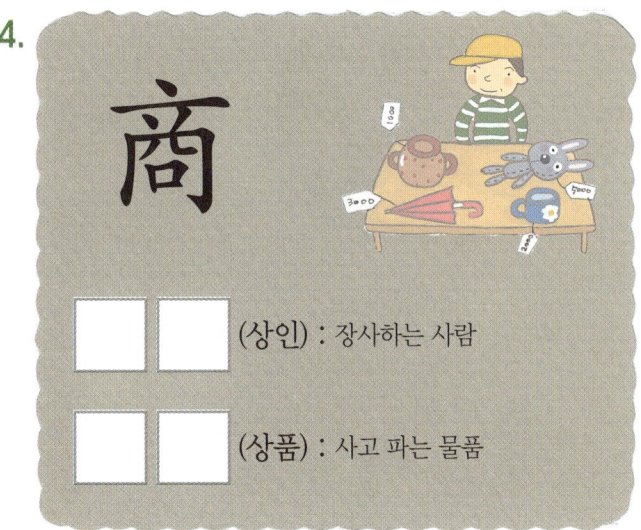
商
　　(상인) : 장사하는 사람
　　(상품) : 사고 파는 물품

5.
事
　　(인사) : 안부를 묻거나 공경하는 뜻을 나타낼 때 하는 예
食事(　　) : 사람이 끼니로 음식을 먹는 일. 또는 그 음식

表 : 겉 표(E3-11)　　出 : 날 출(C2-5)　　所 : 곳/바 소(D1-2)　　力 : 힘 력(A4-14)　　品 : 물건 품(E1-1)　　食 : 먹을 식(C3-11)

漢字語 다지기

社會技能部

그림과 한자어를 연결하고 빈 칸에 음을 쓰세요.

1.

2.

3.

4.

5.

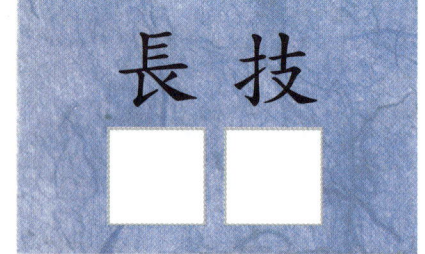

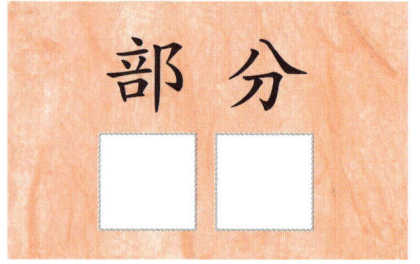

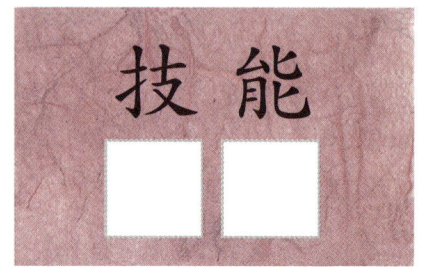

長 : 길/어른 장(D3-11)   分 : 나눌 분(C4-15)   大 : 큰 대(A4-14)

🔖 빈 칸에 알맞게 쓰세요.

1. 社 
   □□ (사장) : 회사의 대표자
   入社(□□) : 회사에 취직이 되어 들어감

2. 會 
   □□ (대회) : 많은 사람의 모임. 실력이나 기술 따위를 겨루기 위한 모임
   社會(□□) : 공동 생활을 하는 인간의 집단

3. 技 
   長技(□□) : 가장 능한 재주
   技法(□□) : 기술상의 수법

4. 能 
   技能(□□) : 기술적인 능력이나 재능
   能力(□□) : 어떤 일을 해낼 수 있는 힘

5. 部 
   □□ (부분) : 전체를 몇으로 나눈 것 중의 하나
   部品(□□) : 기계 따위의 전체의 한 부분을 이루는 물품

 入 : 들 입(C2-5)   法 : 법 법(D3-10)   力 : 힘 력(A4-14)   品 : 물건 품(E1-1)

술술술 漢字 동화

동화를 읽고 보기 에서 알맞은 한자나 음을 찾아 쓰세요.

말 잘 듣는 효자 2

다음 날, 일을 마치고 돌아갈 時間 □□ 이 되자 주인은 수고했다며 생선을 주었습니다. 아들은 어머니 말씀대로 생선을 끈에 묶어 질질 끌고 돌아왔습니다.

"아이고, 이 녀석아! 이런 건 종이에 싸서 어깨에 메고 왔어야지!"

그 다음 날엔 주인이 품삯이라며 당나귀를 주었습니다.

이번에도 아들은 어머니 말씀에 集中 □□ 해서 당나귀를 종이에 쌌습니다.

그리고는 어깨에 둘러멨지요. 당나귀는 空中 □□ 에 다리를 버둥거리며 발버둥을 쳤습니다.

> 보기
>
> 현재   공중   집중   사회   시간

때마침, 그 길에 관가의 원님이 행차하고 있었습니다. 가마 안에는 원님의 딸도 있었는데 現在 ☐☐ 알 수 없는 병을 앓고 있었습니다. 사실은 목에 걸린 가시 때문이었는데 아무도 몰랐던 게지요. 원님의 딸은 아들이 당나귀를 메고 가는 모습을 보고 웃음을 터뜨렸습니다. 그 바람에 가시가 빠져나왔고 기력을 되찾게 되었지요. 원님은 기뻐하며 아들을 불렀습니다.

"네 덕에 내 딸의 병이 나았구나. 그런데 왜 그렇게 힘들게 당나귀를 메고 갔느냐?"

아들은 그동안의 일을 모두 이야기했습니다.

"하하하! 네 비록 뛰어난 재능이 없어 社會 ☐☐ 에서 변변한 직업 하나 없다만 참으로 어미 말을 잘 듣는 효자구나."

원님은 아들에게 큰 상을 내렸습니다. 그리하여 아들은 어머니를 모시고 행복하게 살았답니다.

中 : 가운데 중(A4-15)

마무리 하기

時 間 空 氣 集

📝 빈 칸에 알맞은 훈음을 쓰고 필순에 맞게 한자를 쓰세요.

1. 時	ノ 冂 冃 日 日⁻ 日⊦ 旷 時 時			
	時	時	时	时
2. 間	ノ 冂 冂 冂 門 門 門 門 問 問 間			
	間	間	间	间
3. 空	ヽ ハ 宀 宀 宍 空 空 空			
	空	空		
4. 氣	ノ ト ⺅ 气 气 气 氖 氚 氣 氣			
	氣	氣	气	气
5. 集	ノ イ イ´ イ⺊ 乍 乍 隹 隹 隹 集 集			
	集	集		

빈 칸에 알맞은 한자를 쓰세요.

1. 時

日 [ ]	[ ] 代	同 [ ]
일시	시대	동시

2. 間

人 [ ]	山 [ ]	時 [ ]
인간	산간	시간

3. 空

[ ] 中	[ ] 間	[ ] 冊
공중	공간	공책

4. 氣

空 [ ]	香 [ ]	日 [ ]
공기	향기	일기

5. 集

文 [ ]	[ ] 中	詩 [ ]
문집	집중	시집

現在協商事

마무리하기

✏ 빈 칸에 알맞은 훈음을 쓰고 필순에 맞게 한자를 쓰세요.

		一二F王 王 玑玑玥玥玥現
1.	現	現 現 現
		一ナオ右存在
2.	在	在 在
		一十十 护协协協
3.	協	協 協 協
		、一亠立产产产商商商
4.	商	商 商
		一丁口戸写写写事
5.	事	事 事

G2-123a 기탄한자

빈 칸에 알맞은 한자를 쓰세요.

1. 現
   - 表[現] 표현
   - [現]金 현금
   - [現]地 현지

2. 在
   - 現[在] 현재
   - 所[在] 소재
   - [在]京 재경

3. 協
   - [協]同 협동
   - [協]力 협력
   - [協]心 협심

4. 商
   - [商]人 상인
   - [商]品 상품
   - 協[商] 협상

5. 事
   - 人[事] 인사
   - 行[事] 행사
   - 工[事] 공사

社會技能部 마무리하기

빈 칸에 알맞은 훈음을 쓰고 필순에 맞게 한자를 쓰세요.

1. 社 — 一 二 亍 亓 示 礻 社社
2. 會 — ノ 人 人 今 今 合 命 俞 俞 會 會 會
3. 技 — 一 十 扌 扌 抆 技
4. 能 — ㄥ ㄙ ㅁ 台 育 育 能 能
5. 部 — 、 一 ナ 立 产 音 音 音 部 部

빈 칸에 알맞은 한자를 쓰세요.

1. 社
   - [社]長 사장
   - 會[社] 회사
   - [社]交 사교

2. 會
   - 大[會] 대회
   - 社[會] 사회
   - 面[會] 면회

3. 技
   - 長[技] 장기
   - [技]法 기법
   - [技]能 기능

4. 能
   - 才[能] 재능
   - [能]力 능력
   - 可[能] 가능

5. 部
   - [部]分 부분
   - 一[部]分 일부분
   - 外[部] 외부

설명에 맞도록 빈 칸에 알맞은 한자를 써 넣어 퍼즐을 완성하세요.

가로 열쇠

① 시대 : 역사적으로 구분한 어떤 기간
③ 공간 : 아무 것도 없이 비어 있는 칸
④ 회사 : 상행위 또는 영리 행위를 목적으로 상법에 따라 설립된 사단 법인
⑦ 표현 : 드러내어 나타냄
⑨ 일부분 : 전체 중의 한 부분
⑩ 재경 : 서울에 있음

세로 열쇠

① 시간 : 어떤 시각에서 다른 시각까지의 동안, 또는 그 길이
② 대회 : 많은 사람의 모임. 실력이나 기술 따위를 겨루기 위한 모임
③ 공중 : 하늘과 땅 사이의 빈 곳
⑤ 사장 : 회사의 대표자
⑥ 외부 : 물체나 일정한 범위의 바깥 부분
⑧ 현재 : 이제. 지금

人物 이야기로 배우는 漢字

📖 인물 이야기에 쓰인 한자어를 읽어 보세요.

국제 적십자사의 창시자 앙리 뒤낭

어느 **時代**를 막론하고 전쟁은 많은 희생을 낳습니다. 프랑스와 이탈리아 연합군이 오스트리아와 전쟁을 벌이고 있었습니다. 무수한 청년들이 다치고 생명을 잃었습니다. 특히 북부 이탈리아 솔페리노 언덕에서의 싸움은 매우 치열했습니다. 매캐한 연기가 사방에서 피어 올랐고 적군 아군 할 것 없이 한 **空間**에서 부상자들이 나뒹굴었습니다.

"제발! 물! 물 좀 주세요!"

그 때 프랑스 편에 있던 한 청년이 부상자에게로 달려갔습니다. 그리고 피 흘리는 부상자에게 물을 주었습니다. 그 사실을 안 프랑스 군인이 소리쳤습니다.

"당신 제정신이오? 그는 적군이란 말이오!"

"이 사람도 우리와 같은 **人間**입니다. 인간이 고통 받고 있는데 도와 주는 것은 당연하지요!"

이 사람이 바로 앙리 뒤낭입니다. 그 후 앙리 뒤낭은 마을 여인들을 모아 구호대를 만들었습니다. 여인들은 서로 **協力**하여 전쟁에서 부상자를 돌보았습니다. 이것이 바로 현대 **社會** 적십자 운동의 시작이 되었답니다. 적십자 운동은 국제적, 국내적 **能力**이 미치는 한도 내에서 어디서든지 인간의 고통을 덜어 주고 재난으로부터 보호하는 인도주의운동입니다.

時代 : 시대 　 **空間** : 공간 　 **人間** : 인간 　 **協力** : 협력 　 **社會** : 사회 　 **能力** : 능력

앙리 뒤낭 [Jean-Henri Dunant, 1828.5.8~1910.10.30]
스위스의 인도주의자, 국제 적십자의 창시자입니다.
신앙심이 깊은 부모의 영향을 받아 청소년기부터 환자와 가난한 사람들을 위한 봉사활동에 힘썼습니다. 1855년 YMCA 창설에 참가하기도 했습니다. 1862년 솔페리노 전투의 경험을 ≪솔페리노의 회상≫이란 책으로 출판했습니다. 이 책은 세계 각국의 호응을 받아 1863년 국제적십자가 창립되고, 다음 해인 1864년 적십자(제네바)조약이 체결되었습니다. 1901년 세계 평화에 기여한 공로가 인정되어 제1회 노벨 평화상을 받았습니다.

新聞으로 배우는 漢字

신문 기사를 읽고 물음에 답하세요.

나도 新聞을 읽을 수 있어요!

제8호

[이제는 기술이다] 시동 걸면 차창에 주행정보 쫙~

대기업에 다니는 A씨는 어느 일요일 오후 집에서 나와 자신의 차를 몰고 인천국제공항으로 향한다. 외국여행을 마치고 돌아오는 아내와 아이들을 마중하러 가는 길이다. 자유로를 따라 인천공항 전용도로에 접어들자 시야가 확 트인다. 기분이 좋아진 A씨는 라디오를 켠다. FM을 통해 다소 졸리는 클래식음악이 흘러나온다. A씨가 "이 음악은 싫어"라고 외치자, 라디오 채널이 자동 검색되면서 경쾌한 가요로 바뀐다. 콧노래를 부르던 A씨가 공항날씨를 묻자 스피커를 통해 ㉠현재 공항 쪽의 기온은 영상 14도, 바람 한 점 없어 항공기 이착륙에 아무런 지장이 없다"는 여성 목소리가 들린다. A씨는 식구들이 타고 올 항공편의 도착시간을 묻는다. 스피커에선 "예정보다 3분 정도 늦게 도착할 것"이라는 답이 나온다. 공항에 도착한 A씨는 주차장에 들어가 빈 ㉡空間을 발견하곤 주차버튼을 누른다. A씨가 차안에서 느긋하게 담배를 피우고 있는 사이, 차는 스스로 이리저리 움직이더니 정확히 구획 안에 주차된다.

미래 공상과학 영화 '마이너리티 리포트'나 '아이, 로봇'에 나오는 얘기가 아니다. 조만간 현실에서 볼 수 있는 장면을 재구성해 그려본 내용이다. 운전자의 말과 행동을 알아듣는 자동차. 그에 반응해 운전자의 지시내용을 정확히 이행하는 자동차에 대한 개발 작업이 독일 BMW AG그룹 연구·개발(R&D)센터에서 소리 없이 진행되고 있다.

다른 한쪽에선 음성인식 프로그램에 대한 연구도 진행되고 있었다. 자동차가 운전자의 음성을 인식하고, 그에 맞춰 날씨 등 기초적인 정보는 물론, 항공기 이착륙시간, 발권상황, 공연 정보 등 실생활에 유익한 각종 정보들을 실시간으로 전달해주는 ㉢技能은 비록 시범 연출이지만, 공상과학 영화를 연상케 했다.

가상현실 스튜디오에선 부품개발에서부터 자동차를 제작하는 생산라인의 모든 과정이 구현되고 있었다. 이 장치를 이용하면, 소비자가 직접 매장을 찾을 필요가 없다. 차의 모양, 디자인, 색깔 등을 가상공간에서 얼마든지 바꿔 볼 수 있고, 심지어 가죽의자의 바느질 땀에서 앞 유리에 반사된 모습까지 정확하게 파악할 수 있다. 스튜디오 책임자 휴만 라메자니는 "시뮬레이션을 이용하면 먼 곳에서도 자동차의 원격정비가 가능하다"고 말했다.

[문화일보] 2004-12-09

1. ㉠을 한자로 바꾸어 쓰세요.
2. ㉡의 음을 쓰세요.
3. ㉢의 음을 쓰세요.

1. 다음 한자의 훈음을 쓰세요.

1) 氣　　　　2) 間　　　　3) 時

4) 會　　　　5) 社　　　　6) 空

7) 事　　　　8) 能　　　　9) 部

10) 技　　　11) 集　　　12) 現

13) 在　　　14) 協　　　15) 商

2. 다음 빈 칸에 들어갈 한자를 보기에서 찾아 쓰세요.

보기: 部 社 事 現 在 技 能 時 間 氣

16) ☐法 ······ 기법　　　17) ☐力 ······ 능력

18) ☐分 ······ 부분　　　19) ☐交 ······ 사교

20) 工☐ ······ 공사　　　21) 所☐ ······ 소재

22) ☐地 ······ 현지　　　23) 空☐ ······ 공기

24) 日☐ ······ 일시　　　25) 山☐ ······ 산간

3. 다음 한자어와 풀이를 바르게 연결하세요.

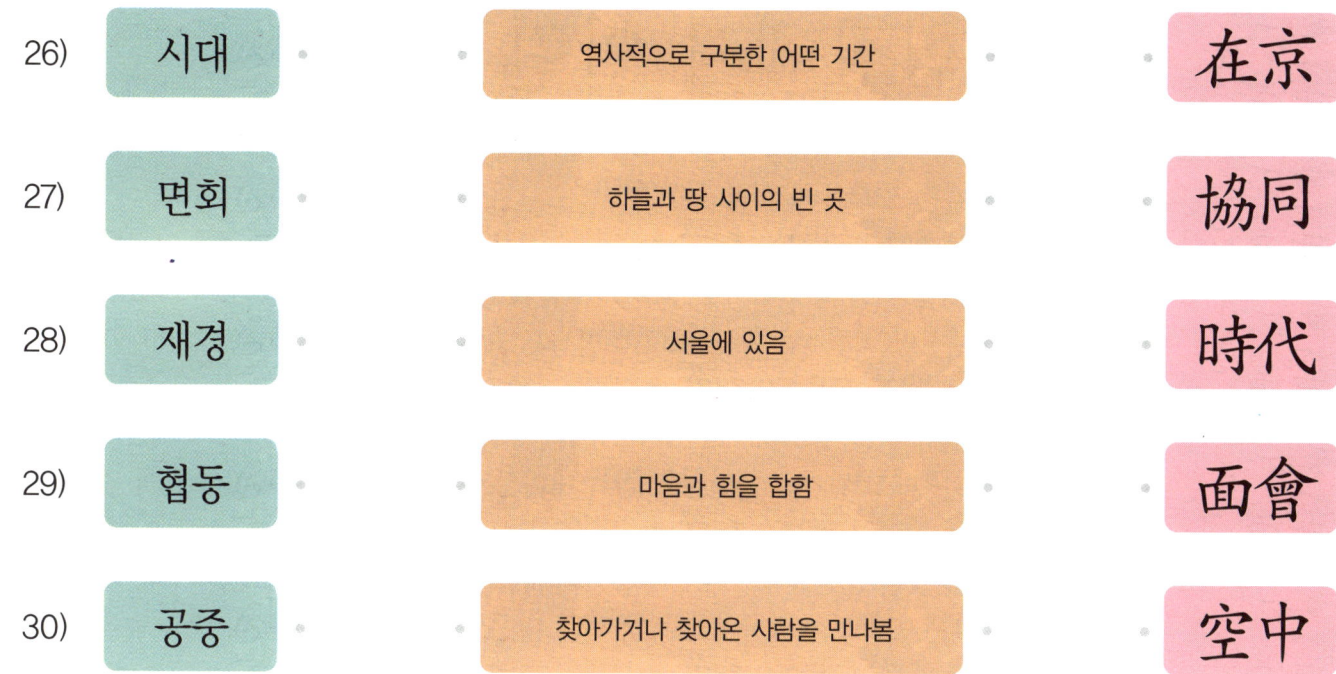

4. 다음 훈음에 알맞은 한자를 쓰세요.

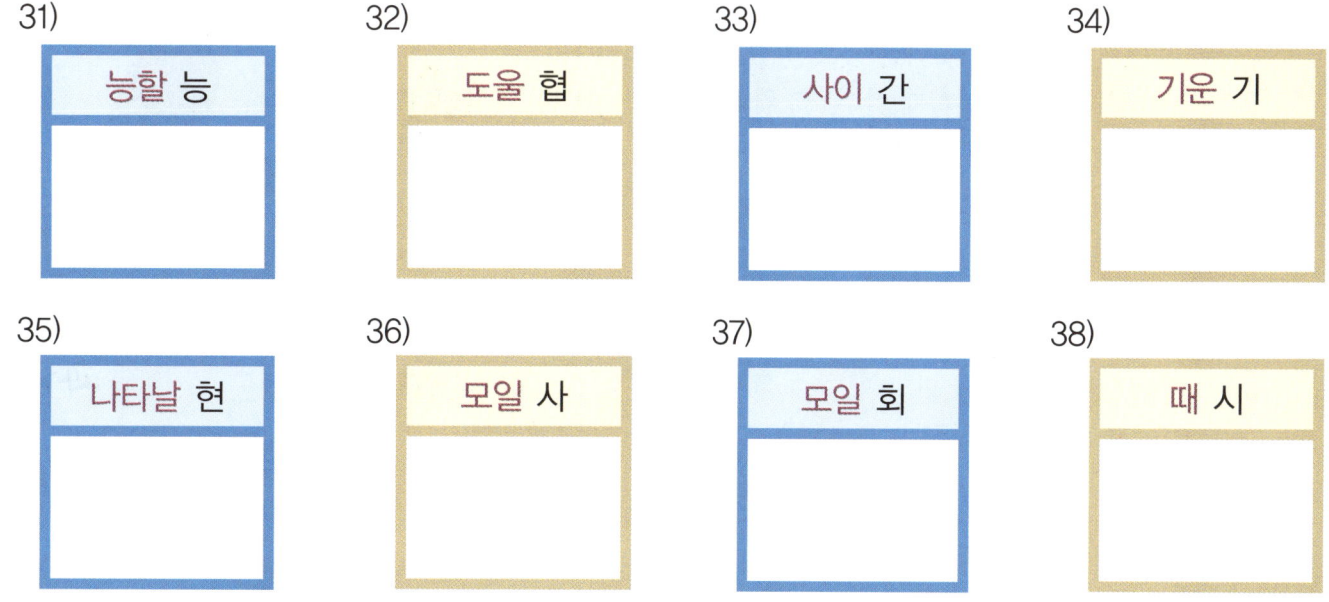

과거 시험장에서 이런 일이~

조선 시대에 관료가 되기 위한 첫 번째 관문은 과거 시험에 합격하는 것이었습니다.
그래서 과거에 응시하는 사람이 아주 많았습니다.
하지만 합격자 명단에 이름을 올리는 것은 낙타가 바늘구멍을 통과하는 것만큼이나 어려웠습니다.
심지어 평생토록 과거 공부만 하다가 아무 것도 이루지 못한 채 세상을 떠나는 선비도 있었습니다.
사정이 이렇다 보니, 선비의 점잖은 체면도 내다 버리고 속임수를 쓰는 사람들이 늘어나기 시작했습니다. 그 속임수는 다음과 같은 것들이었습니다.

우선 아주 작은 종이에 예상 답안을 깨알같이 적어 내려갑니다. 그 다음 그 종이를 돌돌 말아서 콧구멍에 끼워 넣고 시험장에 들어가는 것입니다.
그리고 시험관이 다른 곳을 보는 틈을 타, 콧구멍 속에서 얼른 종이를 꺼내 봅니다.
또 어떤 사람들은 같은 방법으로 예상 답안지를 만든 다음, 콧구멍이 아닌 붓의 대롱 속에 숨겨서 들어가기도 했습니다.

아예 예상 답안을 작은 책으로 만들어서 가지고 들어가는 사람도 있었습니다.
이런 작은 책을 '수진본(袖珍本)'이라고 불렀는데, 옷소매 자락에 들어갈 수 있을 만큼 크기가 작았습니다. 선비들은 평소에는 수진본을 간편한 휴대용 학습서로 사용하다가, 시험 당일에도 몰래 꺼내 보곤 했습니다. 수진본과 비슷한 '죽첩경서(竹帖經書)'라는 것도 있었습니다. 가는 대나무 살을 손가락 길이만하게 잘라, 그 위에 풀로 종이를 바릅니다. 그런 뒤 그 종이 위에 경서의 구절들을 적어 동그랗게 만 다음, 휴대하고 다니면서 암기용으로 사용했습니다. 물론 이것 역시 시험 당일에는 예상 답안지로 둔갑했습니다.

확인하기 袖 : 옷소매 수   珍 : 보배 진   本 : 근본 본(C4-15)   竹 : 대나무 죽(B3-11)   帖 : 표제 첩   經 : 경서 경   書 : 글 서(G4-13)

① 마음과 힘을 합함 ② 장사하는 사람
③ 아무 것도 없이 비어 있는 칸 ④ 회사의 대표자

다음 보기 에서 알맞은 한자어를 찾아 쓰세요.

보기: 日時   社長   部品   山間

17.  부 품

18.  사 장

19.  일 시

20.  산 간

정답 수	평가 결과 및 향후 진도
16~20문항	잘했어요. G3집 9호로 진행하세요.
11~15문항	부족해요. 틀린 문제의 한자를 다시 학습한 후 G3집 9호로 진행하세요.
10문항 이하	많이 부족해요. 이번 호를 복습한 후 다음 호로 진행하세요.

6. 다음 설명에 알맞은 한자를 쓰세요.

示(보일 시)와 土(흙 토)를 합해 만든 한자입니다. 곡식을 관장하는 땅귀신(示)에게 제사를 지내기 위해 제단(土) 앞에 많은 사람들이 모이는 것에서 **모이다, 땅귀신**이라는 뜻을 나타내게 된 한자입니다.

다음 한자어의 음을 쓰세요.

7.  集中

8.  人間

9.  商人

10.  現金

① 마음과 힘을 합함   ② 장사하는 사람
③ 아무 것도 없이 비어 있는 칸   ④ 회사의 대표자

다음 보기에서 알맞은 한자어를 찾아 쓰세요.

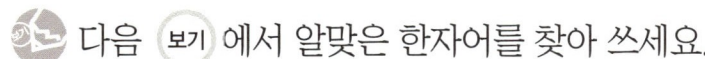

보기: 日時   社長   部品   山間

17.  부 품

18.  사 장

19.  일 시

20.  산 간

정답 수	평가 결과 및 향후 진도
16~20문항	잘했어요. G3집 9호로 진행하세요.
11~15문항	부족해요. 틀린 문제의 한자를 다시 학습한 후 G3집 9호로 진행하세요.
10문항 이하	많이 부족해요. 이번 호를 복습한 후 다음 호로 진행하세요.

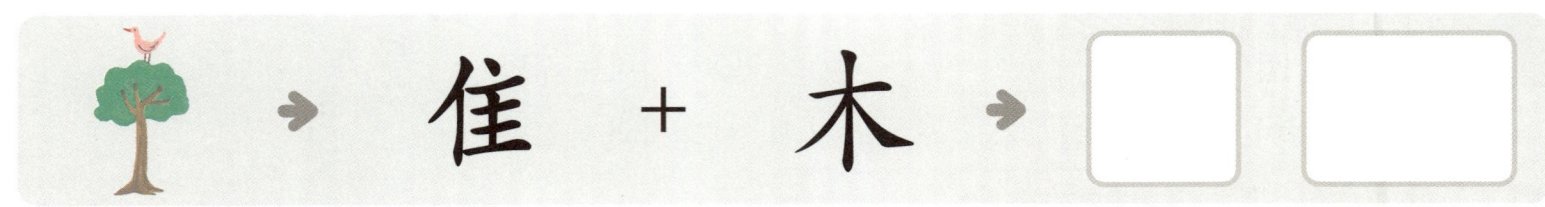

6. 다음 설명에 알맞은 한자를 쓰세요.

示(보일 시)와 土(흙 토)를 합해 만든 한자입니다. 곡식을 관장하는 땅귀신(示)에게 제사를 지내기 위해 제단(土) 앞에 많은 사람들이 모이는 것에서 **모이다**, **땅귀신**이라는 뜻을 나타내게 된 한자입니다.

다음 한자어의 음을 쓰세요.

7.  集中

8.  人間

9.  商人

10.  現金

기탄 한자 형성평가 — G단계 8호

날짜: 월 일 점수:

✎ 왼쪽의 훈음에 알맞은 한자를 쓰세요.

1. 훈 : 때
   음 : 시   [ ]

2. 훈 : 모일
   음 : 사   [ ]

✎ 다음 물음에 답하세요.

3. 다음 한자와 음이 바르게 연결되지 않은 것을 고르세요.

   ① 集 - 집   ② 現 - 현   ③ 事 - 상   ④ 能 - 능

4. 다음 한자와 훈이 바르게 연결되지 않은 것을 고르세요.

   ① 會 - 모일   ② 空 - 빌   ③ 在 - 없을   ④ 技 - 재주

5. 다음 빈 칸에 알맞은 한자의 훈음을 쓰세요.

다음 빈 칸에 공통적으로 들어갈 한자를 보기에서 찾아 쓰세요.

보기: 部　會　能　間

11. 인[　]　　시[　]　　산[　]　　……[　]

12. [　]분　　[　]품　　[　]일　　……[　]

13. 기[　]　　[　]력　　가[　]　　……[　]

다음 물음에 답하세요.

14. '회사에 취직이 되어 들어감'을 뜻하는 한자어를 고르세요.

① 日時　　② 入社　　③ 表現　　④ 長技

15. '재능이나 능력이 있음'을 뜻하는 한자어를 고르세요.

① 有能　　② 面會　　③ 一部　　④ 所在

모일 사	모일 회	재주 기	수렐 옹	가르칠/배울 학

마음 심	있을 재	도울 조	장사 상	일 사

때 시	사이 간	빌 공	기운 기	모일 집

讀書尚友古人

道不遠人事在人爲

博聞彊識

G단계 8호 해답

113a	1. 때 시	2. 사이 간	3. 빌 공
	4. 기운 기	5. 모일 집	6. 나타날 현
	7. 있을 재	8. 도울 협	
113b	9. 장사 상	10. 일 사	11. 모일 사
	12. 모일 회	13. 재주 기	14. 능할 능
	15. 거느릴/떼 부		
114a	1. 日 2. 門 3. 穴 4. 气 5. 隹		
114b	1. 日, 때, 시	2. 門, 日, 사이, 간	
	3. 工, 빌, 공	4. 기운, 기	5. 木, 모일, 집
115a	1. 玉 2. 土 3. 十 4. 口 5. 亅		
115b	1. 나타날, 현	2. 才, 土, 있을, 재	
	3. 十, 도울, 협	4. 장사, 상	5. 일, 사
116a	1. 示 2. 日 3. 扌 4. 月 5. 阝		
116b	1. 土, 모일, 사	2. 모일, 회	3. 扌, 재주, 기
	4. 능할, 능	5. 거느릴/떼, 부	
118a	일시, 시집, 공책, 일기, 인간		
118b	1. 日時, 시계	2. 人間, 시간	3. 공중, 공간
	4. 空氣, 향기	5. 문집, 集中	
119a	공사, 재택, 상인, 현금, 협동		
119b	1. 표현, 출현	2. 現在, 소재	3. 協同, 협력
	4. 商人, 상품	5. 人事, 식사	
120a	장기, 부분, 사장, 대회, 기능		
120b	1. 社長, 입사	2. 大會, 사회	3. 장기, 기법
	4. 기능, 능력	5. 部分, 부품	
121a	시간, 집중, 공중		
121b	현재, 사회		
125b	① 時, 間 ② 會 ③ 空, 間		
	④ 會, 社 ⑤ 社 ⑥ 部		
	⑦ 現 ⑧ 現, 在 ⑨ 部		
	⑩ 在		
126b	1. 現在	2. 공간	3. 기능
127a	1) 기운 기	2) 사이 간	3) 때 시
	4) 모일 회	5) 모일 사	6) 빌 공
	7) 일 사	8) 능할 능	9) 거느릴/떼 부
	10) 재주 기	11) 모일 집	12) 나타날 현
	13) 있을 재	14) 도울 협	15) 장사 상
	16) 技	17) 能	18) 部
	19) 社	20) 事	21) 在
	22) 現	23) 氣	24) 時
	25) 間		

127b

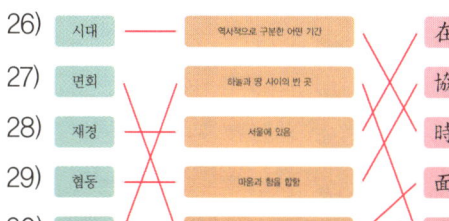

31) 能	32) 協	33) 間	
34) 氣	35) 現	36) 社	
37) 會	38) 時		

형성평가

1. 時   2. 社   3. ③   4. ③
5. 集, 모일 집   6. 社   7. 집중
8. 인간   9. 상인   10. 현금   11. 間
12. 部   13. 能   14. ②   15. ①
16. ①   17. 部品   18. 社長   19. 日時
20. 山間

펴낸이 : 정지향
펴낸곳 : (주)기탄교육
기획·편집·디자인 : 기탄교육연구소
주소 : 06698 서울특별시 서초구 효령로 42 기탄출판문화센터
등록 : 제22-1740호
전화 : (02) 586-1007
팩스 : (02) 586-2337

※ 서점에 갈 시간이 없거나 구하기 어려운 분은 인터넷 또는 전화로 신청하세요. 즉시 우송해 드립니다.
● www.gitan.co.kr

ⓒ 2005 (주)기탄교육 All rights reserved.
저작권자의 동의 없이 본 교재를 무단으로 복제하거나 전재하는 것을 금합니다.

G단계에서 배운 한자들

現 나타날 현	在 있을 재	協 도울 협	商 장사 상	事 일 사	社 모일 사	會 모일 회	技 재주 기	能 능할 능	部 거느릴/떼 부
夜 밤 야	景 볕 경	成 이룰 성	功 공 공	者 사람 자	時 때 시	間 사이 간	空 빌 공	氣 기운 기	集 모일 집
果 열매 과	實 열매 실	夫 남편 부	婦 아내 부	美 아름다울 미	重 무거울 중	要 요긴할 요	活 살 활	動 움직일 동	得 얻을 득

기획·편집·디자인 기탄교육연구소 | **디자인** So good
원고 집필 서정화 여찬수 김호기 이은영 | **캐릭터 디자인** 강소연 | **일러스트** 1집: 배은정 정진이 박희숙 김은주 윤미란 2집: 강명근 박선영 김희정 이야기상자
3집: 홍경아 이미연 박희숙 김은주 이윤하 4집: 박선영 홍숙희 김예중 김희정 윤지현 | **만화** 양은희 | **전자 편집** 푸른길
주소 06698 서울특별시 서초구 효령로 42 기탄출판문화센터 | **전화** (02) 586-1007 | **팩스** (02) 586-2337
ⓒ 2005 (주)기탄교육 All rights reserved. 본 교재의 저작에 관한 모든 권리는 (주)기탄교육에 있습니다. 저작권자의 동의 없이 본 교재를 무단으로 복제하거나 전재하는 것을 금합니다.

국어 읽기

기탄 국어과 교과서

G2집
65a-128a

풀꽃도 꽃이다

안내 2장

끊기 전 돌아보기

할머니 고맙고 죄송해요. 풀꽃도 꽃이에요. 할머니의 따뜻한 배려에 따라 풀꽃 이름을 알아가며 담장 밑에 피어 있는 풀꽃도 꽃이라는 사실을 알게 되었습니다. 할머니 생각하면서 꽃을 보고 풀을 보니 정말 새로운 세상이 열리는 것 같습니다.

이 꽃이 풀꽃이라면 정말 꽃이라고 바라보기 시작하면 이 세상이 모두 꽃밭이 되고 마는 것처럼 생각됩니다. 그 꽃을 바라보면서 말을 걸어보면 풀꽃들은 정말 할 말들이 많을 것입니다. 그리고 정성으로 자기에게 대해주는 것만으로도 풀꽃은 좋아서 어쩔 줄을 모를 것이 분명합니다. 그들의 이야기를 잘 들어주기만 해도 풀꽃은 정성껏 보답할 것이 틀림없는 것 같습니다.

풀꽃을 꽃으로 바라보는 사람이 진정 풀꽃을 사랑하고 이 세상을 사랑하는 사람인지도 모릅니다. 아름답지는 않아도 혼자서 외롭게 피어 있는 풀꽃에 대한 예의이기도 한 것입니다. 이 기쁨은 진정으로 풀꽃을 사랑하고 자기가 좋아하는 것과 진정으로 소통하는 사람만이 누릴 수 있는 특권일 것입니다. 사실 모든 예술적인 풀꽃이 동물이 다른 것이 풀꽃에 대해 예의를 가지고 정성껏 소통한다는 점에서 나왔는지도 모릅니다.

이 기쁨은 자기가 사랑하는 것들과 진정으로 소통할 수 있는 마음을 가진 사람만이 누릴 수 있는 축복일 것입니다.

단체 2장에서 이런 생각자들이 가진 생각의 힘과 기쁨을 잡히길 씨 봅시다.

漢字쓰기

● 時와 만든 한자어: 日時(일시) 時代(시대) 時間(시간) 時刻(시각)

日 날 일 + 寺 절 사

때 시

| 때 시 | 때 시 | 때 시 | 때 시 |

1 ⺅ ⺅ ⺅ ⺅ ⺅ ⺅ ⺅ ⺅ 時 時

때 시

◈ 뜻이 통하는 곳곳을 읽고 빈칸에 알맞은 한자를 쓰세요.

漢字 쓰기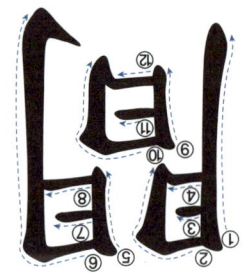

G2장 쓰기 학습지-2

● 門으로 만든 漢字어: 入門(입문) 山門(산문) 時門(시문) 中門(중문) 大門(대문)

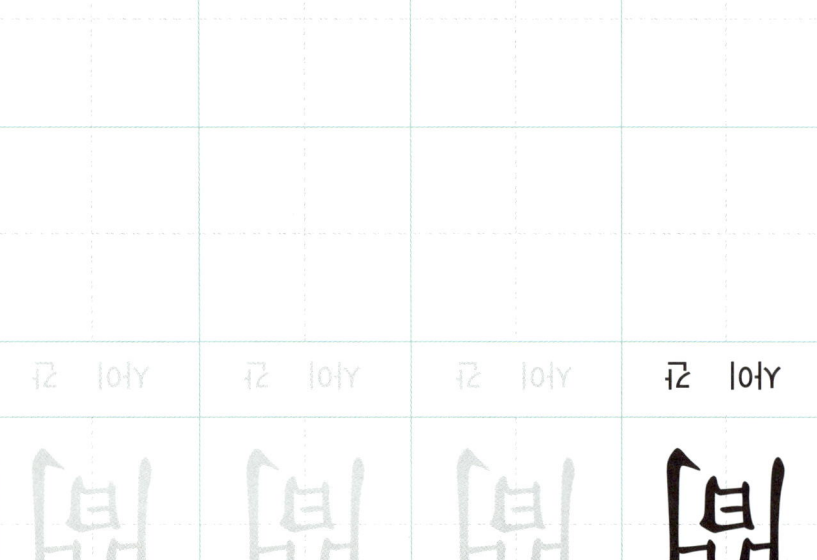

門 부수 – 총 12획

| 사이 간 | 사이 간 | 사이 간 | 사이 간 |

| 間 | 間 | 間 | 間 |

丨 丨 丨 門 門 門 門 門 門 門 間 間

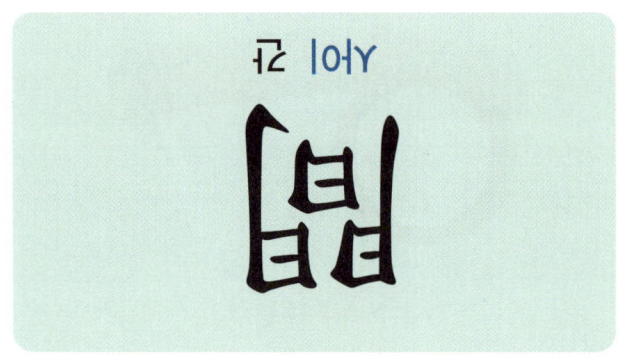

사이 간

間

🔎 間이 들어가는 끝말잇기 낱말 놀이를 하고 공간에 알맞은 한자를 쓰세요.

漢字쓰기

🖊 풀이 흘러들어 굳으면 엿이 되고 굳지 않으면 꿀과 엿기름을 찾아요.

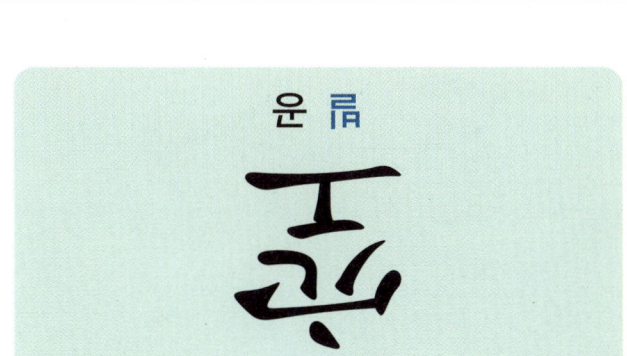

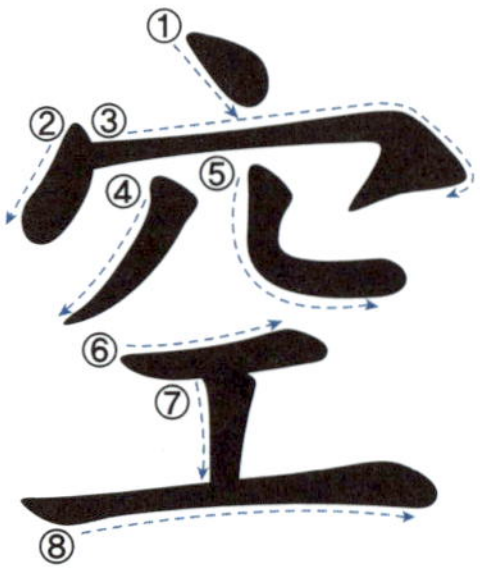

● 풀이로 만든 한자어 : 중(中)중(中)
종(種)종(種)
중(重)중(重)
중(衆)중(衆)

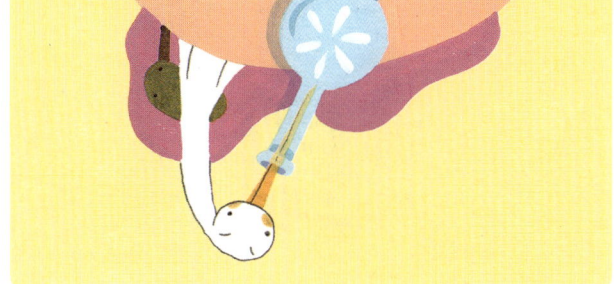

풀무 - 총 8획

		풀무	풀무	풀무	풀무

ヽ ┐ ㅗ ㅗ ㅗ ㅗ ㅗ ㅗ

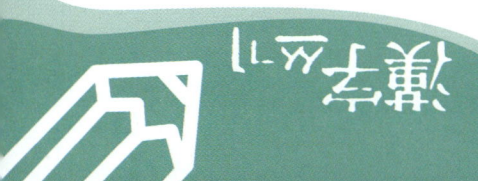
풀무

漢字쓰기

● 획을 쓰는 순서대로 : 穿劃(공획), 日劃(일획), 天劃(대획), 通劃(통획), 人劃(인획)

雲 구름 운 - 총 12획

구름 운	구름 운	구름 운	구름 운

雲이 들어간 공간을 읽고 필순에 맞게 한자를 쓰세요.

구름 운

集의 훈음을 큰소리로 읽고 필순에 맞게 한자를 쓰세요.

集

모일 집

ノ 亻 亻' 亻' 亻' 亻' 亻' 隹 隹 隼 集 集

隹 부수 – 총 12획

集	集	集	集
모일 집	모일 집	모일 집	모일 집

● 集으로 만든 한자어 : 文集(문집)　集中(집중)　詩集(시집)　集合(집합)　集計(집계)

● 채순을 따르는 급쓰기여: 가로(左)획
橫畫(가로긋기) 撇畫(삐침) 捺畫(파임) 鉤畫(갈고리)

王자부터 - 총 11획

나타날 현

一 二 干 干 干 干 干 干 現 現 現

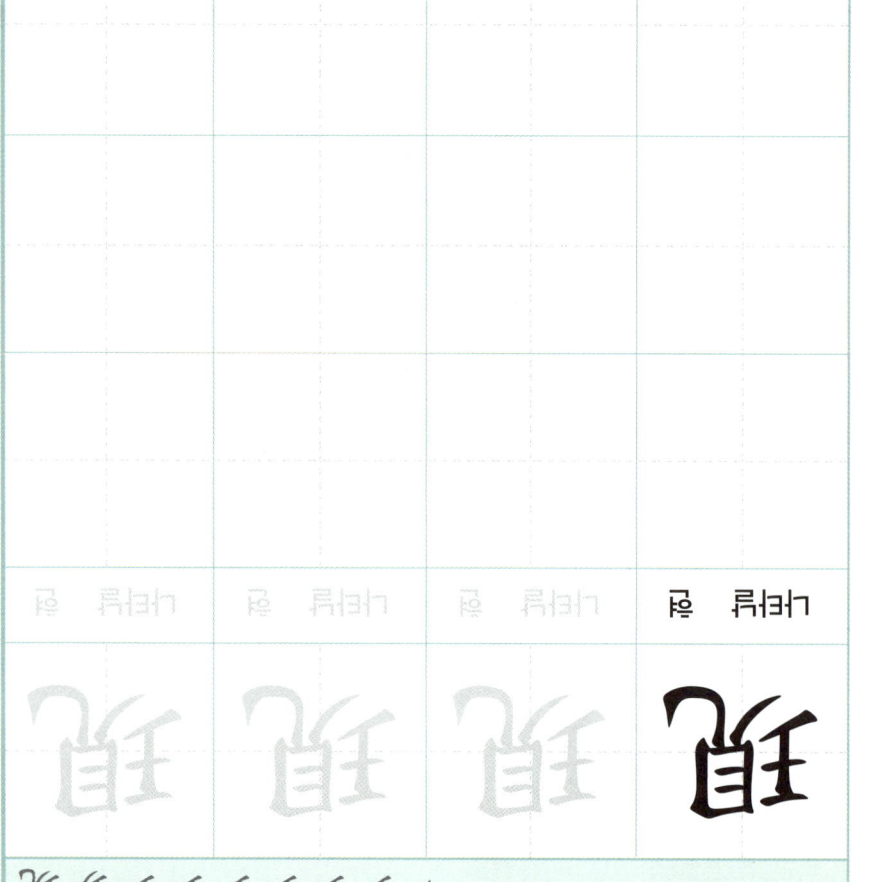

나타날 현

現이 들어있는 글자들을 찾아서 읽고 낱말의 뜻과 문장에 맞게 답자를 쓰세요.

漢字쓰기

꽃이 흩날리는 공주님 앞으로 멋진 왕자님이 다가오고 있네요. 漢字를 써 보세요.

花 이름 화

● 花를 만든 한자어: 花在(화재) : 現在(현재)
花春(화춘) 花來(화래) 花草(화초) 花所(화소)

花부 – 총 6획

花 이름 화 | 花 이름 화 | 花 이름 화 | 花 이름 화

一 十 ナ ナ 丈 花 花

漢字 쓰기

🖊 稻이 들어가는 글자入로 읽고 칸에 맞게 한자를 써 보세요.

도울 稻

🖊 稻으로 만든 한자어 : 稻回(도움) 稻力(도움) 稻之(도움) 稻名(도움)

十획 총 - 총 8획

도울 稻 | 도울 稻 | 도울 稻 | 도울 稻

- 十 ナ ナ ナ ゲ ゲ ゲ 稻 稻 稻

漢字쓰기

● 뜻으로 만든 글자에서 : 男人(남자), 日月(일월), 問門(문문), 行動(행동), 男子來(남자가 와요), 韓國(한국)

商 口부수 - 총 11획

장사 상

● 뜻이 통하는 곳곳으로 읽고 필순에 맞게 한자를 쓰세요.

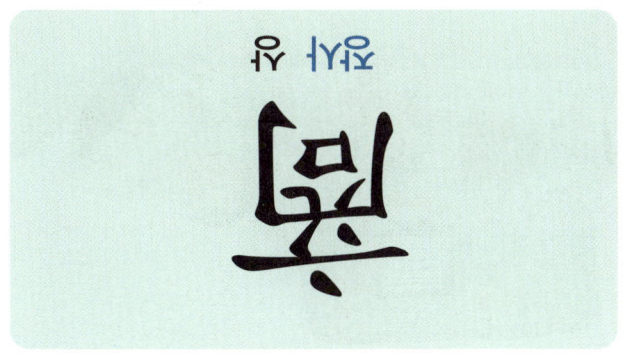

장사 상

漢字쓰기

● 事와 모든 한자어: 人事(인사) 行事(행사) 工事(공사) 起事(기사) 事物(사물) 春事(춘사)

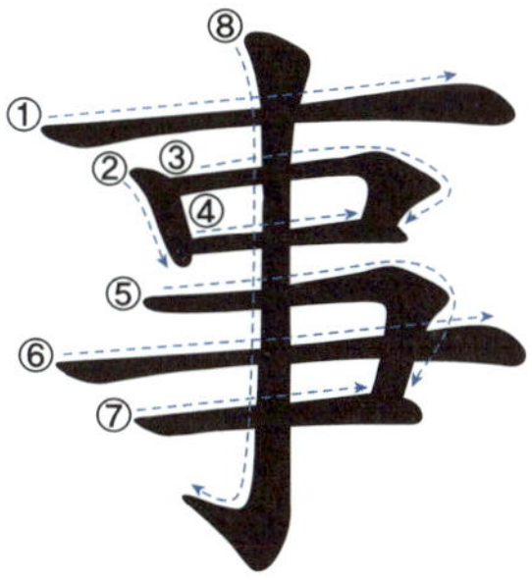

事	사

1획 ~ 총 8획

事

일 사

事 일 사 | 일 사 | 일 사 | 일 사

一 二 三 亖 写 写 事 事

事

일 사

💡 事의 훈음을 공손하게 읽고 필순에 맞게 한자를 쓰세요.

漢字쓰기

社의 훈음을 큰소리로 읽고 필순에 맞게 한자를 쓰세요.

社

모일 사

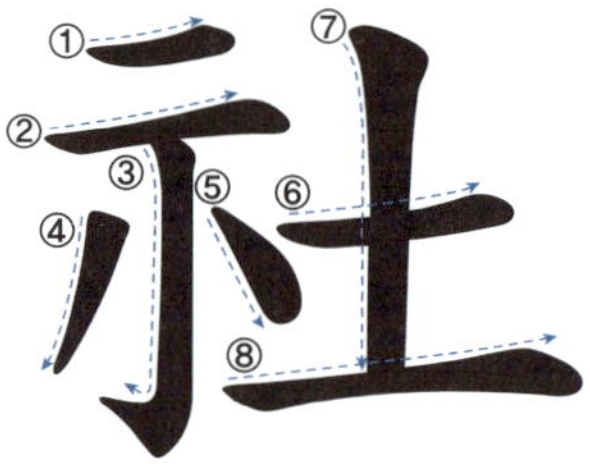

示 부수 – 총 8획

社 社 社 社
모일 사

● 社로 만든 한자어 : 社長(사장)　社交(사교)　入社(입사)　會社(회사)

漢字쓰기

● 획순 따라 한자쓰기: 六書(대서): 象書(사서) 畵書(엄서) 形書(임서) 圓書(포서)

畵 日부수 - 총 13획

그림 화

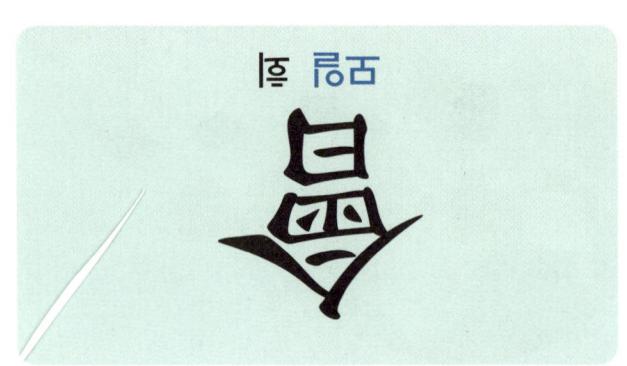

그림 화

丿フユ亖聿聿書書書書畫畫畫

그림 화

● 훈이 그림인 글자를 읽고 빈칸에 알맞게 한자를 쓰세요.

漢字쓰기

技의 훈음을 큰소리로 읽고 필순에 맞게 한자를 쓰세요.

技

재주 기

扌 부수 – 총 7획

一 丨 扌 扌 扌 技 技

技	技	技	技
재주 기	재주 기	재주 기	재주 기

● 技로 만든 한자어 : 長技(장기)　技法(기법)　技能(기능)　技術(기술)

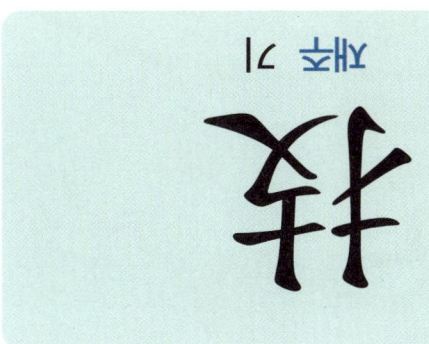

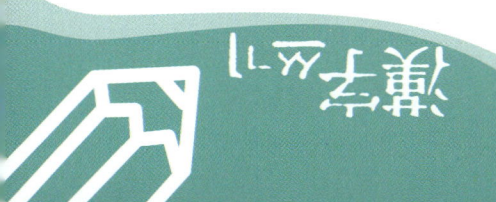

漢字쓰기

● 揀으로 만든 漢字語 : 腕力(완력) 手揀(수완) 有揀(유완) 揀章(완장) 義揀(의완)

目(目)부수 - 총 10획

눈 흘길 은

ノ ノ 丿 斤 斤 斤 斤' 斤' 斤' 睅 睅

눈 흘길 은

☆ 睅이 들어있는 공간을 찾고 공간에 맞게 漢字를 쓰세요.

漢字 쓰기

● 예문: 冬至(동지) → 立冬(입동), 冬眠(동면)

冬(동) 겨울 - 총 5획

겨울/동 | 동

冬 | 冬 | 冬 | 冬

` 丿 夂 冬 冬 `

겨울/동 | 동

冬

☞ 한이 훈음을 곰곰이 읽고 필순에 맞게 한자를 써보세요.

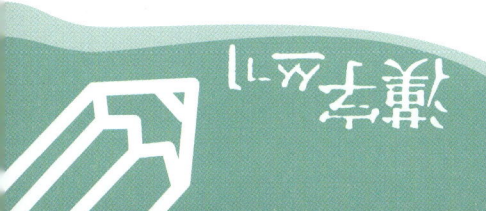

漢字選 쓰기

때 시

日 날/해 일	時 때 시

日時(일시): 날짜와 시간

時 때 시	代 대신할 대

時代(시대): 역사적으로 구분한 어떤 기간

回 돌아올 회	時 때 시

回時(동시): 같은 때

사이 간

人 사람 인	間 사이 간

人間(인간): 사람, 인류

山 산/뫼 산	間 사이 간

山間(산간): 산과 산 사이

時 때 시	間 사이 간

時間(시간): 어떤 시각에서 다른 시각까지의 동안, 또는 그 동안

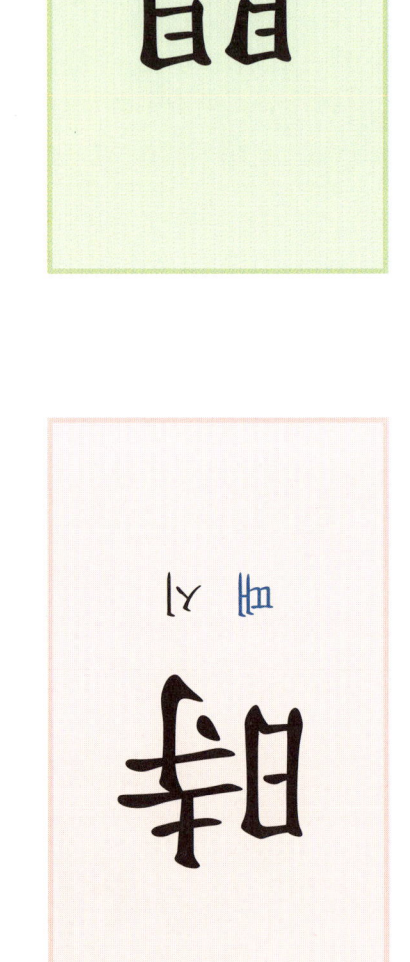

漢字 쓰기

🖉 華이 들어가는 한자어를 읽어보고 빈 칸에 알맞게 쓰세요.

모일 집

시	모일 집
	集

詩集(시집): 여러 편의 시를 모아 엮은 책

| 集 | |
| 集 | |

가운데 중	모일 집
中	集

集中(집중): 힘 또는 정신을 한 곳에 모이거나 모음

| 中 | |
| 中 | |

글월 문	모일 집
文	集

文集(문집): 시문들을 엮어서 모아 놓은 책

| 文 | |
| 文 | |

漢字쓰기

🖊 道, 在, 才가 들어가는 한자어를 알아보고 빈 곳에 알맞게 쓰세요.

道 나다닐 도

갈 도	나다닐 도
도로(道路): 나다님

나다닐 도	방 기
기도(氣道): 어떤 일이 밟아야 할 바의 그 곳

길 표	나다닐 도
도로(道路): 가르쳐서 나다냄

在 있을 재

있을 재	사용 이
재용(在用): 사용에 있음

구비	있을 재
구재(具在): 있는 곳

나다닐 도	있을 재
재재(在在): 이제, 지금

漢字語 쓰기

行, 明 등이 들어가는 한자어를 읽어보고 빈 칸에 정확히 써보세요.

장사 장
商

장사 상	다닐 행/행할 행
商	行
商行(상행) : 동아가며 돈 장사를 함

장사 상	물건 품
商	品
商品(상품) : 사고 파는 물건

장사 상	사람 인
商	人
商人(상인) : 장사하는 사람

모을 집
集

모을 집	마음 심
集	心
集心(집심) : 여러 사람의 마음을 모으로 모음

모을 집	힘 력
集	力
集力(집력) : 사방 흩어진 마음으로 힘을 모음

모을 집	큰들 동
集	回
集回(집회) : 마음을 모을 동

漢字語 쓰기

車가 들어가는 한자어를 읽어보고 빈 칸에 알맞게 쓰세요.

일 사
車

工	車	공 인	일 사

工車(공사): 토목이나 건축 등의 일. 공정 일

	工			工				

行	車	다닐/갈/행/항	일 사

行車(행사): 일을 거행함

	行			行				

人	車	사람 인	일 사

人車(인사): 안부를 묻거나 공경하는 뜻으로 나타내 예 하는 예

	人			人				

漢字 쓰기

㉠ 樣, 槐이 들어가는 한자어를 알아보고 빈 칸에 알맞게 쓰세요.

재주 기

재주 기 / 재능 기

技藝(기예): 기술상의 재능이나 재주

재주 기 / 재능 기

技能(기능): 기능상의 수완

재주 기 / 길이 잴 기

長技(장기): 가장 능한 재주

능할 능

능할 능 / 잘할 능

能力(능력): 어떤 일을 해낼 수 있는 힘

재주 재 / 능할 능

才能(재능): 재주와 능력

있을 유 / 능할 능

有能(유능): 재능이나 수완이 있음

G2집 쓰기 따라 1-23

漢字 쓰기

🖊 획기 등하는 한자어를 잉어보고 빈 칸에 알맞게 쓰세요.

가림/베 뮤
浴

―劃(일획): 한 획.

한 일	가림/베 뮤
一	浴

一			

外劃(외획): 물건의 일정한 밖의 부분.

밖 외	가림/베 뮤
外	浴

外			

劃分(획분): 전체를 몇으로 나눈 것 중의 하나.

가림/베 뮤	나눌 분
浴	分

分			

한자 순서대로 읽기

1. 아래서 위로 씁니다.
   三 : 一 二 三   들 : ﾉ ㅛ ㅛ ㅛ 들 들 들

2. 왼쪽에서 오른쪽으로 씁니다.
   川 : ﾉ ﾉ 川   卅 : ﾉ ﾅ ﾅ ﾅ 卅 卅 卅 卅

3. 가로획과 세로획이 교차될 때는 가로획을 먼저 씁니다.
   十 : 一 十   干 : 一 十 干

4. 좌우의 모양이 같을 때는 가운데를 먼저 씁니다.
   小 : ﾉ 小 小   水 : ﾉ ㅋ ㅋ 水

5. 안쪽과 바깥쪽 둘 다 있을 때는 바깥쪽을 먼저 씁니다.
   中 : ﾉ 口 中   母 : ㄴ 凵 凵 母 母

6. 바깥쪽과 안쪽이 있을 때는 바깥쪽을 먼저 씁니다.
   同 : ﾉ 冂 冂 同 同 同   story

7. 글자를 싸고 있는 부분은 마지막에 씁니다.
   回 : ﾉ 冂 冂 回 回   近 : ﾉ 厂 斤 斤 斤 近

기탄 몬터리기

펴낸이 : 정훈 | 펴낸곳 : (주)기탄교육 | 기획·편집·디자인 : 기탄교육연구소
주소 : 06988 서울특별시 동작구 여의대방로 42가길 17 기탄교육빌딩 | 등록 : (02)586-1007 | 팩스 : (02)586-2337

※ 사용에 등 사진이나 이야기 조각 아이들 가져가거나 복제하시면 저작권법에 저촉 됩니다.
저작권자의 동의 없이 본 교재의 무단으로 복제하거나 저재해서는 저작권법에 저촉 됩니다.
© 2005 (주)기탄교육 All rights reserved. 본 교재의 저작권은 (주)기탄교육에 있습니다. www.gitan.co.kr